ABC DES COULEURS

DANS LA MÊME COLLECTION

ABC de l'Astrologie, D. Caumon-Paoli
ABC de la Cartomancie, G. Sciuto
ABC de Graphologie, M. Moracchini
ABC de la Parole Facile, S. A. Bower
ABC de l'Hypnose, E. Barone et J. Mandorla
ABC de l'Astrologie Chinoise, D. de Caumon
ABC des Rêves, C. Genest
ABC du Yoga, M.-F. Lemoine
ABC des Tarots, C. H. Silvestre
ABC du Yi-King, B. Ducourant
ABC de la Morphopsychologie, C. Binet
ABC de la Géomancie, A.-M. Cacciaguerra
ABC du Magnétisme, J. Mandorla
ABC des Sciences Occultes, L. Maar et C. H. Silvestre
ABC de la Numérologie, J.-D. Fermier
ABC des Prévisions Astrologiques, D. de Caumon.

COLLECTION HOROSCOPE

Numérologie : le livre des cycles, J.-D. Fermier
Numérologie : le symbolisme des lettres, J.-D. Fermier
Numérologie 90, J.-D. Fermier
Votre avenir au quotidien par les Tarots,
C. H. Silvestre
12 meilleures méthodes pour tirer les Tarots,
C. H. Silvestre
Prévisions Astrologiques jusqu'à l'an 2000,
M. Delambre

Daniel BERESNIAK

ABC DES COULEURS

Directeur de collection : Michel Grancher

Jacques Grancher, éditeur
Paris

A mon épouse, bouquet de nuances

Introduction

Connaître les couleurs pour vivre mieux.

Vous vivez parmi les couleurs. Que vous le vouliez ou non, elles exercent une influence sur votre comportement et sur vos émotions. Le rouge excite, le bleu calme et détend. Cela est bien connu. Le langage courant emprunte aux couleurs de nombreuses images : voir la vie en rose... ou en noir ; rire jaune ; voir rouge ; n'y voir que du bleu ou encore broyer du noir ; etc. Cela veut dire que la joie, le plaisir, la tristesse, la déception, la colère ont, d'une certaine manière, leurs couleurs.

Ainsi donc, instinctivement, nous réagissons aux couleurs. Mais alors, pourquoi se contenter de les subir ? Il est préférable de les étudier pour comprendre et ainsi, d'apprendre à s'en servir. Ce livre propose une étude pratique des couleurs afin d'en extraire un profit. Or, le bénéfice que l'on peut tirer de l'étude des couleurs est considérable. En effet, le choix judicieux des couleurs permet de mieux travailler, de mieux se concentrer et, d'une manière générale, de stimuler les facultés dont nous avons besoin. Nous ferons état d'expériences scientifiques qui ont été faites pour déterminer l'influence des couleurs sur les êtres vivants. Ce que nous savons intuitivement depuis des millénaires, aujourd'hui, nous le calculons. Si la couleur exerce une influence sur les émotions, son influence sur la santé va de soi mais est peu connue.

Or, tout un chacun peut, grâce à sa connaissance des couleurs, soigner sa forme et contribuer activement à sa guérison s'il est malade. En outre, l'étude du symbolisme des couleurs permet de mieux connaître autrui. Vous aimez telle couleur ! Cela signifie quelque chose. Une personne manifeste ses goûts en matière de couleurs. Savez-vous qu'en agissant ainsi, elle révèle le fond de son caractère ? Elle vous ouvre, en quelque sorte, son âme ! Tout le monde révèle volontiers ses préférences en matière de couleurs. Ne dit-on pas « Des goûts et des couleurs, on ne discute pas » ? Effectivement, on n'en discute pas, mais si vous connaissez le rôle des couleurs dans la vie, vous serez en mesure de « décrypter » le sens profond de ces préférences. Ainsi, vous acquerrez le pouvoir de comprendre les autres ainsi que vous-même. De même que, sachant lire dans autrui, vous saurez « lire » un intérieur, un vêtement, un assemblage de choses.

Les couleurs « parlent ». Ce langage est nuancé. Il a une grammaire et un vocabulaire. Étudier la langue des couleurs permet d'être moins étranger dans notre milieu de vie, de vivre en harmonie avec le monde et, par conséquent, d'être plus heureux.

NOTE PRÉLIMINAIRE :

Ce livre a été conçu de telle façon que le lecteur puisse se reporter directement au chapitre de son choix sans que la compréhension de l'ensemble en soit affectée.

ABC des couleurs

L'ABC du symbolisme des couleurs se compose de deux parties :

- *la première traitant d'aspects théoriques et pratiques des couleurs,*
- *la seconde présentant des tests qui révéleront votre personnalité.*

Première partie

Théorie et pratique

1er CHAPITRE — **Nature et symbolisme des couleurs.**

2e CHAPITRE — **Les couleurs dans la vie quotidienne.**

3e CHAPITRE — **Les couleurs et les sciences secrètes.**

Deuxième partie

Test sur les couleurs

1er CHAPITRE — **Mesurez votre énergie par les couleurs.**

2e CHAPITRE — **Tests psychologiques d'approche.**

3e CHAPITRE — **Tests psychologiques approfondis.**

Première partie

Théorie et pratique

Chapitre I

Nature et symbolisme des couleurs

— La nature des couleurs
— Le pouvoir de la couleur
— Complémentarité et dualité
— Les non-couleurs : le noir et le blanc
— Les couleurs primaires :
  • le rouge, feu et sang
  • le jaune, or et lumière
  • le bleu, ciel et air
— Les couleurs secondaires :
  • le vert = bleu + jaune
  • l'orange = rouge + jaune
  • le violet = rouge + bleu
— Autres couleurs composées :
  • le rose = rouge + blanc
  • le gris = noir + blanc
— Le « triangle de Goethe » ; reconnaissez-vous

La nature de la couleur.

Une couleur n'existe pas par elle-même. Elle est un effet produit par la réunion de trois éléments[1] :

- l'existence d'un objet,
- un éclairage suffisant,
- un œil pour voir et un cerveau pour interpréter.

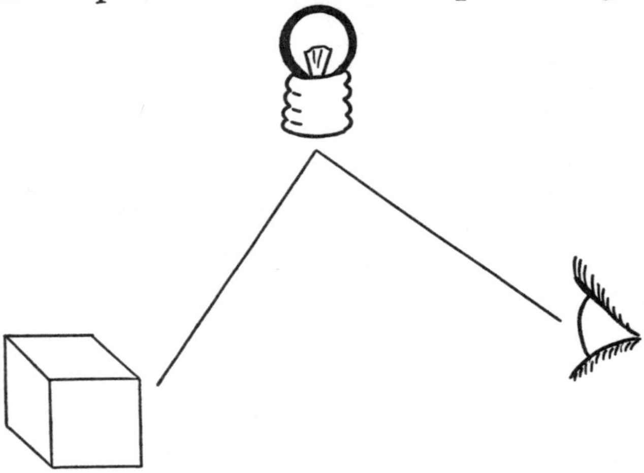

Il semble évident que l'on ne peut poser une couleur sur rien. Celle-ci ne peut exister en dehors d'une chose matérielle, et cette chose matérielle qui est le support de la couleur, c'est l'objet. Par exemple, la couleur du ciel est liée aux gouttes d'eau en suspension dans l'air.

D'autre part la couleur n'est perceptible que si l'éclairage le permet.

Enfin, pour la voir, il faut un observateur.

L'éclairage est une lumière colorée que l'objet réfléchit comme le miroir réfléchit une image. Selon l'éclairage, la lumière change.

L'œil et le cerveau sont constitués de manière à ne voir qu'une partie du réel, et en ce sens on peut dire qu'ils sont limités. Nous voyons le réel d'une certaine façon qui est différente de celle de certains animaux. Ceux-ci voient certaines couleurs que nous ne voyons pas, et inversement, ils ne voient quelques couleurs que nous voyons.

Ainsi, les trois éléments nécessaires pour que la couleur existe et soit perçue sont variables. Et ils sont d'autant plus variables que les hommes eux-mêmes ne distinguent pas les couleurs de la même façon. L'œil peut voir par défaut de vision et confondre, par exemple, le vert et le rouge. Nous nommons ce défaut le daltonisme. Or, apercevoir ce que tout le monde voit ne signifie pas forcément voir juste. Si les daltoniens étaient majoritaires, ce seraient les non-daltoniens qui seraient considérés comme anormaux.

Une couleur est donc l'effet d'une réaction provoquée par la rencontre de ces trois éléments variables : l'objet, l'éclairage et l'œil. La couleur est la lumière réfléchie par un corps. Elle dépend de la lumière reçue (intensité et couleur de cette lumière) et des caractéristiques propres au corps. Par conséquent, une couleur peut devenir une autre couleur, simplement par la modification de l'éclairage (cf. la petite histoire p. 21).

Le prisme de verre décompose la lumière. Cela signifie qu'il réfléchit plusieurs teintes différentes lorsqu'il est traversé par un rayon de lumière. Les gouttes d'eau en suspension dans l'atmosphère sont semblables à des prismes de verre. C'est ainsi qu'apparaît l'arc-en-ciel. Toutes les teintes de l'arc-en-ciel sont contenues dans la lumière, mais on les aperçoit alors séparément.

Ce mot n'est d'ailleurs pas celui qui convient pour exprimer la réalité. En effet, la lumière solaire est composée d'une infinité de nuances lumineuses parmi lesquelles l'œil humain peut distinguer environ 700 teintes différentes. Nous les avons regroupées en sept couleurs : rouge, orange, jaune, vert, bleu, indigo, violet. Mais on aurait bien pu les regrouper en trois couleurs fondamentales : bleu, jaune et rouge. Ces trois couleurs, mélangées comme il convient, permettent de reconstituer toutes les autres. De la même façon on aurait pu distinguer ces teintes en huit ou neuf couleurs.

Au-delà du violet et du rouge, aux deux extrémités de

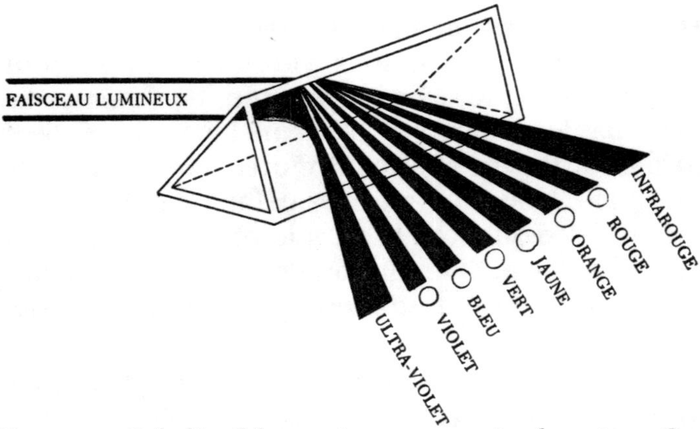

l'arc-en-ciel, l'œil humain ne perçoit plus rien. Or, nous savons que d'autres couleurs existent. Si nous employons, pour décomposer la lumière, un prisme de sel gemme au lieu d'un prisme de verre, on constate que la température continue de croître en s'écartant du spectre visible au-delà du rouge. Ces radiations calorifiques sont dites infrarouges. Au-delà du violet, nous avons des radiations ultra-violettes, de longueurs d'ondes encore plus courtes que les radiations violettes extrêmes.

— Le physicien Isaac Newton, en décomposant un rayon solaire à l'aide d'un prisme tranparent, prouva que la lumière solaire se composait d'un mélange de radiations colorées de longueurs d'ondes différentes. Il dénombra sept couleurs qui se suivaient dans un ordre invariable.

Le schéma de la décomposition de la lumière blanche au moyen d'un prisme est reproduit ci-dessous :

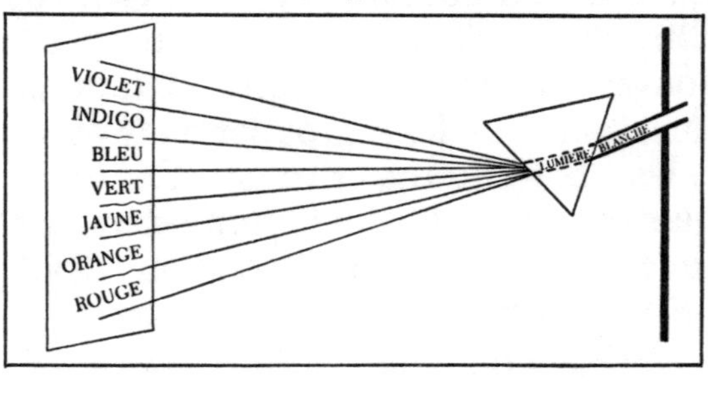

Décomposition de la lumière blanche au moyen d'un prisme selon Newton.

— Newton défendit notamment l'idée que le blanc, loin d'être une absence de couleur, était la somme de toutes les couleurs. Il démontra que ces couleurs n'étaient pas ajoutées par le prisme, mais plutôt contenues dans la lumière blanche.

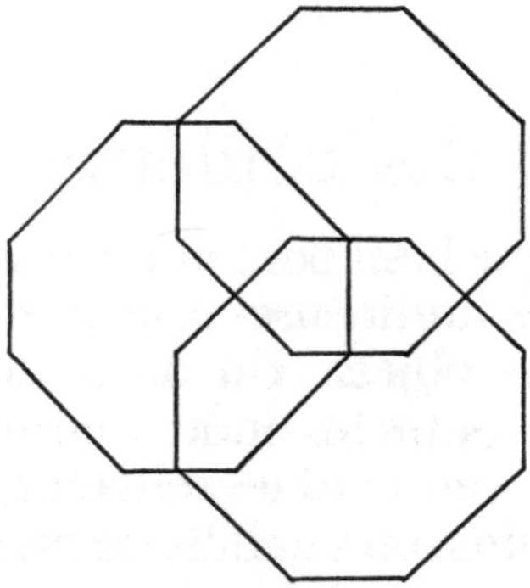

— Il proposa aussi un principe demeuré essentiel : « à toute couleur correspond sa complémentaire, le mélange de ces deux couleurs donnant du blanc (ou du gris) ». Il construisit donc un cercle des couleurs permettant de prédire les teintes résultant du mélange des couleurs.
Le schéma ci-dessous illustre ce qui vient d'être dit :

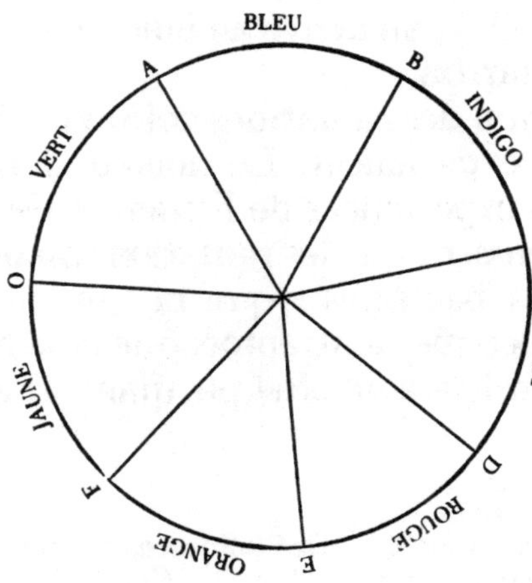

Ci-contre, une illustration de la découverte du physicien, qui eut beaucoup de mal à imposer ses vues.

Nous avons parlé d'ondes et de radiations. La lumière et, par conséquent, les couleurs, sont en rapport avec le mouvement et la température. Il s'agit donc d'une manifestation de l'énergie. Les couleurs sont des attributs de cette substance-mère qui est à l'origine de la vie.

Le pouvoir des couleurs.

Les couleurs que l'œil perçoit comme claires sont celles dont les ondes lumineuses sont presque entièrement réfléchies par les objets. Un objet noir est celui qui absorbe presque toutes les ondes lumineuses et un objet blanc ou clair est celui qui les réfléchit. C'est pourquoi, dans les pays chauds, on s'habille de préférence en blanc. On a vu plus haut que la couleur est en rapport avec la température. Le blanc réfléchit la lumière à environ 75 %. Il laisse donc moins pénétrer les radiations. Un blanc parfait réfléchirait à 100 %. Il n'existe pas. De même, un noir absolu qui réfléchirait la lumière à 0 % peut être approché sans être atteint.

A mesure que le facteur de réflection baisse, les couleurs s'obscurcissent. De 75 % à 60 %, on passe du blanc au crème ou du chamois clair au jaune pâle ou au vert pâle. A 30 %, on arrive au bleu. A 15 %, on voit du rouge et du marron.

L'action des radiations colorées a fait l'objet de nombreuses expériences. Le docteur Patrick Martin(1) fait état des expériences de Finsen et de Bic. Ces expériences établissent que les radiations bleues et violettes tuent certaines bactéries ; que la lumière rouge stérilise le staphylocoque, le streptocoque et le bacille diphtérique.

La lumière a un effet purifiant. D'autre part, le même

(1) Patrick Martin : « De l'influence des couleurs dans le milieu du travail ». Thèse de doctorat 3e cycle. Université de Lille 1977.

auteur mentionne les nombreux effets de la couleur sur les végétaux : des concombres cultivés sous couleur rouge ont une croissance plus importante ; le bleu augmente la teneur en vitamine C dans les feuilles, les rayons colorés exercent une action sur le développement des parfums, etc.

Pour ce qui concerne plus spécialement le règne animal, il semble que les têtards ont fait les frais d'un grand nombre d'expériences : après un séjour d'un mois dans un aquarium dont les verres sont rouges, les têtards ont encore leur membrane caudale. Par contre, dans un aquarium de verre bleu, ils n'ont plus de membrane caudale, leurs côtes sont formées et ils respirent sur le mode pulmonaire. Le bleu facilite donc leur croissance.

Les œufs de poisson éclosent dans un délai qui dépend de la couleur de la lumière. Ainsi, les œufs de lotigo-vulgaris éclosent en 3 jours dans un vase bleu, en 2 jours dans un vase rouge ou jaune, en 23 jours dans un vase vert et en 53 jours dans un vase violet.

Approchons-nous de l'espèce humaine en méditant sur les expériences subies par des lapins, des rats et des cobayes. Ce sont des animaux à sang chaud qui vivent sur terre. Les couleurs exercent sur eux un effet exactement inverse à ceux produits sur des animaux aquatiques. Le rouge accélère leur croissance tandis que le bleu et le vert la troublent. Le bleu déplait aux mouches et aux moustiques. Les pièces peintes en bleu (murs et plafonds) sont évitées par ces insectes.

Chez tous les mammifères, la lumière colorée agit sur les tissus : ainsi la lumière rouge orangée stimule l'hypophyse. La lumière colorée intervient dans le métabolisme du calcium, etc.

Si nous évoluons dans une lumière rouge, comme cela est le cas dans un atelier où l'on développe des photographies, notre œil a tendance à devenir hypermétrope ; autrement dit nous verrons mieux au loin que de près.

Par contre, en milieu violet, notre œil devient myope. Les objets verts ou bleus paraissent plus grands que les objets rouges ou jaunes. Les couleurs d'onde courte : vio let, bleu, vert, font paraître l'objet comme étant plat Celles d'onde longue : jaune, rouge, produisent un effet de relief. Les objets clairs paraissent plus légers. Le jaune et le rouge réchauffent. On les nomme « couleurs chau des ». Une pièce où les couleurs sont dominantes a moins besoin de chauffage que celle où dominent le bleu et le vert, « couleurs froides » qui rafraîchissent effectivement.

Donc, les couleurs exercent des effets directs sur la physiologie, et des effets indirects en modifiant notre interprétation de la réalité.

Complémentarité et dualité.

Deux couleurs dont la réunion produit du blanc sont dites complémentaires. Elles se neutralisent, comme l'électricité positive fait équilibre à l'électricité négative. Comme l'énergie dont elle n'est qu'un attribut, on l'a vu précédemment la couleur associe la vie à ce dualisme des forces. Regardez avec insistance une couleur puis fermez les yeux. Vous aurez la sensation d'une couleur différente de la première. Cette couleur est complémentaire de celle qui a impressionné votre rétine. Il faut voir dans ce phénomène la caractéristique du « vivant » qui, à toute impression, répond par son opposé. Toute action entraîne une réaction. L'esprit humain construit sa vision du monde à partir d'un classement en deux parties : les ténèbres et la lumière, le mal et le bien, etc. Il y a deux sexes, le masculin et le féminin. Néanmoins, une réflexion plus poussée nous conduit à découvrir qu'il y a, dans chacun de ces éléments, une part de l'élément opposé ou complémentaire. Les Chinois représentent cela par le symbole du yin - yang.

Une petite histoire :

Un humoriste invita des amis à dîner. Ceux qui arrivaient étaient accueillis par les odeurs agréables venues de la cuisine et tous se réjouissaient.

Lorsque la joyeuse société fut rassemblée autour de la table aux plats superbement préparés, le maître de maison alluma une lumière rouge. La viande sur les plats se colora d'un beau rouge et prit une apparence fraîche, mais les épinards parurent noirs et les pommes de terre d'un rouge lumineux. Tous s'étonnèrent, mais déjà la lumière rouge faisait place à la lumière bleue et le rôti prit un aspect gâté, les pommes de terre parurent pourries. Les invités perdirent l'appétit. Ensuite, succéda une lumière jaune. Alors le vin rouge prit l'aspect d'une huile épaisse et les voisins parurent comme des demi-morts jaunis ; les dames se levèrent et quittèrent la table. Personne ne put manger, bien que tous les invités sussent que seule la modification de l'éclairage avait provoqué ces sensations curieuses.

Soyons bons avec eux et terminons cette histoire à leur avantage : le maître de maison rendit la lumière blanche et la soirée se poursuivit joyeusement.

Le Yang est de couleur blanche, avec au centre un point noir. Le Yin est de couleur noire avec, en son centre un point blanc. Cela veut dire que chaque force contient en elle le germe de son contraire. Cette vérité est démontrée par l'expérience de la couleur regardée qui suggère, quand on ferme les yeux, sa complémentaire.

Ces complémentarités colorées se structurent autour de la double opposition vert - rouge et bleu - jaune. A la couleur « chaude » répond la couleur froide.

Dans la vie courante, il est rare de rencontrer ces couleurs à l'état pur. La « réponse » dépend aussi de l'éclat, de la brillance ou de la matité de la lumière ambiante.

Nous verrons plus loin, dans les tests, que la couleur isolée indique une tendance très générale qui doit être précisée, voire corrigée, par une seconde. De même, au plan de la décoration, la teinte unique est difficilement supportable. Elle doit être accompagnée. Une « ambiance », tout comme la personnalité dont elle est l'image, est nécessairement composée.

La structure dualité — complémentarité nous enseigne que l'équilibre et l'harmonie s'obtiennent en associant des éléments différents.

Les non — couleurs : le noir et le blanc.

Le noir est l'absence de couleur. Le blanc (voir schéma n° 4) par contre, peut être considéré comme la synthèse de toutes les couleurs. En effet, si l'on dispose, sur un disque, les sept couleurs essentielles produites par le passage de la lumière dans le prisme et que l'on fasse tourner ce disque, on a l'impression qu'il est entièrement blanc.

Le noir et le blanc, c'est l'opposition absolue. Les associer à part égale, comme dans le damier ou l'échiquier, c'est diviser l'espace en deux éléments contraires et complémentaires : ténèbre et lumière, négation et affirmation, le néant et le tout, la mort et la vie.

Le noir évoque la profondeur. Dans la plupart des religions, la nuit primitive est associée à l'idée de chaos. Le chaos est désordonné et sans forme. L'homme l'associe instinctivement à l'eau. Notre vie a commencé en milieu aqueux et obscur. C'est pourquoi les trois images eau — origine — obscurité sont associées à la couleur noire dans l'inconscient. En Chine, le noir est l'emblème de l'eau, du nord et de l'hiver. Les Grecs et les Romains sacrifiaient des taureaux noirs à Neptune, dieu de la mer. Les Hindous sacrifiaient autrefois dans le fleuve Indus, des taureaux et des chevaux noirs.

Dans les contes et légendes occidentaux, le noir est associé au mal et à l'enfer. L'homme noir, c'est le diable ou la mort. C'est aussi l'ombre, notre double. Ce qui est obscur, ténébreux, nous paraît menaçant.

Nous avons vu plus haut que le noir ne réfléchit pas la lumière. S'il ne la réfléchit pas, c'est qu'il l'absorbe. Les Anciens ne savaient pas cela et pourtant, intuitivement, ils voyaient dans le noir l'attribut de la mort, mangeuse de vie et du temps, lui-même mangeur d'instants et pourvoyeur de la mort. Le dieu Chronos (le Saturne romain) dévorait ses enfants, selon la mythologie. Il était représenté une faux à la main, comme la Mort dans l'imagerie populaire, et vêtu de noir.

Le noir est la couleur de la cendre et du charbon, résidu de la combustion des substances vivantes. Il est la couleur de l'aboutissement des transformations de la matière.

Le métal qui lui correspond est le plomb. Selon le classement des corps simples suivant Mendeleïev, il appartient au même groupe que le carbone.

Pour toutes ces raisons, le noir est la livrée du deuil et de la tristesse.

A l'opposé, le blanc, synthèse des couleurs, symbolise tout naturellement la lumière elle-même. Les Anciens faisaient du blanc l'emblème de la divinité. La divinité est une et diverse à la fois. Dans les « Géorgiques », Virgile, le grand poète latin, dit du dieu Pan qu'il est blanc comme la neige. Or « Pan », signifiait « tout ». C'était le principe de la vie. A l'inverse du noir, le blanc indique les lieux élevés, là d'où vient la lumière. Dans l'imagerie médiévale, Dieu, les anges, le Christ, sont vêtus de blanc. La lumière est aussi associée à la pureté, à la sainteté, à la sagesse et à la connaissance.

Mais, comme nous l'enseigne l'image du Yin — Yang, la signification des symboles est ambivalente. Chaque affirmation renvoie à l'affirmation contraire.

Le noir, fin de la matière, fin des temps est aussi le commencement.

Le blanc, lumière absolue, suggère aussi l'absence de vie. Les hauts sommets glacés et déserts appartiennent aussi au royaume de la mort. Les légendes populaires y logent des monstres et des spectres. Les termes qui, dans le langage courant, évoquent la couleur blanche, traduisent une menace de mort : paleur, lividité.

Pour ces raisons, le blanc, lui aussi, est signe de deuil.

Le noir et le blanc, contraires « absolus », se renvoient l'un à l'autre, telles la vie et la mort.

La construction d'un sol en noir et blanc, au moyen de dalles carrées, produit une sensation de solennité, de sérénité et de froideur.

Les effets psychologiques du blanc et du noir se confortent et s'annulent, parce que chacun est l'autre et le contraire de l'autre. Cette affirmation est paradoxale mais vraie. En matière de couleurs surtout, le tout n'est pas seulement la somme des parties qui le composent. L'effet qui en résulte est autre chose que la synthèse (ou l'addition) des effets que produirait chaque partie si elle était seule. Ainsi le noir — blanc est non seulement le noir « plus » le blanc mais une entité nouvelle qui suggère l'idée de division, de dualité, de séparation et de complémentarité.

Les couleurs primaires

Le rouge, le jaune, le bleu, couleurs primaires.

Ces trois couleurs sont dites « primaires », parce qu'elles ne peuvent pas s'obtenir par le mélange d'autres couleurs. Ainsi, le bleu et le jaune produisent le vert ; le rouge et le jaune, l'orange ; le rouge et le bleu, le violet, etc. En effet, il n'existe pas une teinte qui ne puisse être obtenue au moyen de la combinaison de ces trois couleurs. Il existe un nombre illimité de teintes, de même il existe un nombre illimité de possibilités d'associer les trois couleurs primaires selon des proportions inégales.

Il faut savoir ce que ces couleurs évoquent si l'on veut s'en servir pour créer une ambiance et si l'on veut comprendre pourquoi on en préfère certaines. Nos goûts, en matière de couleurs, révèlent nos tendances profondes.

Le rouge, feu et sang.

Le rouge est la couleur du feu et du sang. Or, le feu et le sang évoquent la combustion, le changement d'état, la vie.

Le feu est animé et vertical. Ces qualités suggèrent les idées d'efforts et d'activité. Le feu n'est pas forcément rouge et en outre, plus une flamme est chaude, moins elle est rouge. Pourtant, ce sont les rayons rouges et infrarouges qui donnent la sensation de la chaleur. C'est pourquoi dans toutes les traditions, la chaleur est associée au rouge.

Le feu est un agent de transformation. Le forgeron le manipule pour amollir les métaux. Non contrôlé, il manipule une force redoutable et destructive. Contrôlé, il procure de nombreux bienfaits. Il est donc à la fois nécessaire et dangereux. En Inde, il est Shiva, le dieu qui, après avoir créé le monde, se chargera de le consumer.

Le sang a toujours été considéré comme le véhicule de la vie. Perdre son sang c'est perdre la vie. Par contre, une jeune fille devient capable d'enfanter lorsqu'elle perd du sang. Les hommes préhistoriques ignoraient le rôle du sperme dans la procréation. Ils pensaient que la femme donnait la vie parce qu'elle perdait son sang. C'est pourquoi de nombreuses sociétés très anciennes étaient matriarcales : la femme gouvernait et les forces de la nature étaient figurées par des déesses. Lorsque les hommes s'aperçurent qu'ils participaient à la procréation, ce qui arriva il y a 4 000 à 6 000 ans, selon les endroits, ils prirent de l'assurance et établirent une société patriarcale.

Les plus anciens rituels initiatiques connus datent de l'époque matriarcale : les hommes, pour s'approprier symboliquement le pouvoir féminin de créer la vie, pratiquaient sur eux-mêmes une sub-incision sur leur organe (1) génital.

Le fait de saigner à la manière d'une femme conférait du prestige.

Ainsi, le sang comme le feu, est ambivalent. Il se manifeste au commencement et à la fin de la vie. Le sang rouge et chaud de l'homme et des animaux supérieurs suggère l'idée du cœur qui le propage par saccades dans le corps tout entier. Le cœur est l'indicateur de la vie puisque c'est par ses battements qu'on en constate l'existence. Il symbolise la vie, l'ardeur, la chaleur et la passion. C'est pourquoi l'homme a fait du cœur le siège de l'Amour. C'est pourquoi également, dans le « langage »

(1) cf. Bruno Bettelheim. Les blessures symboliques — N.R.F. Paris. 1980.

des fleurs, offrir des roses rouges signifie donner son cœur.

Nous savons que le cœur n'engendre pas les sentiments mais, étroitement lié au système vago-sympathique [1], il est le point où les sentiments se répercutent et s'amplifient. Claude Bernard, le père fondateur de la médecine expérimentale [2], estimait que les locutions populaires expriment presque toujours une profonde réalité. L'expression « avoir du cœur », « avoir bon cœur » n'est pas seulement une pure image sans rapport avec le muscle cardiaque. « Avoir le cœur serré » exprime une réalité physiologique. Le cœur, c'est aussi le courage. L'idée d'héroïsme et d'élévation est contenue dans le mot « courage ».

Le cœur exprime donc la flamme et la chaleur traduites en mouvement. Comme le feu, il consume notre corps. Il maintient la vie et la détruit en même temps.

Toutes ces images sont présentes dans les profondeurs de notre psychisme où réside une mémoire héritée du fond des âges. La couleur rouge nous excite. Dans une ambiance rouge, les battements de notre cœur s'accélèrent. La couleur rouge est chaude. Elle est aphrodisiaque, mais incite aussi à la violence. Le rouge était, chez les Romains, consacré à Mars, dieu de la guerre.

Le jaune, or et lumière.

Le jaune est la couleur du soleil et de l'or. Son caractère lumineux l'apparente à l'intelligence et à la sagesse. La manifestation de l'intelligence est le verbe. Ces asso-

(1) Neuro végétatif
(2) Claude Bernard — « Introduction à la Médecine expérimentale ».

ciations sont illustrées par toutes les religions. Mithra, source de toute lumière, est la parole de Dieu : il a le soleil pour symbole. Revêtu d'or, assis sur un tapis d'or, en haut de la montagne d'or, il frappe les génies impurs de sa massue d'or. Saint-Michel, archange nimbé d'or, pèse les actions des hommes. L'Évangile de Saint-Jean commence par ces mots ;
« Au commencement était la Parole et la Parole était avec Dieu, et la Parole était Dieu. Elle était au commencement avec Dieu. Toutes choses ont été faites par elle et rien de ce qui a été n'a été fait sans elle. En elle était la Vie, et la Vie était la Lumière des hommes ».

La genèse raconte la création du monde : Dieu parle et par sa parole, les choses se font. « Que la lumière soit et la lumière fut. »

Or, lumière, parole, ces trois termes se confondent volontiers dans l'inconscient collectif des peuples. En Grèce, on disait d'un bon orateur qu'il a une « bouche d'or ». « Parler d'or » est une expression qui a survécu à l'évolution du langage et des mœurs. La « Légende dorée » est le recueil de la parole révélée. Les vers « dorés » de Pythagore sont ceux où la pure doctrine est renfermée.

L'or était la couleur consacrée à tous les intermédiaires entre l'homme et le ciel, aux « psychopompes », c'est-à-dire aux conducteurs des âmes, aux dépositaires des secrets divins, aux administrateurs du sacré. Saint-Pierre, dépositaire de la Foi et fondateur de l'Église, est représenté partout vêtu de vêtements d'or. Les Rois Mages déposent de l'or aux pieds de Jésus enfant. Les « pommes d'or » du jardin des Hespérides donnaient l'immortalité et le secret de la vie. Couleur chaude, gaie, tonique, le jaune est la couleur du soleil. L'or métal, inaltérable et inattaquable aux acides, est l'image de l'illumination et de la pureté. Ces qualités de la lumière, chaleur et gaieté, sont aussi présentes dans les aliments jaunes : jaune d'œuf, miel, huile, blé, maïs, etc. Ces corps gras développent dans l'organisme de nombreuses calories et possédent de nombreuses vitamines. Ces aliments rappellent la couleur du soleil et en véhiculent l'énergie.

Le jaune est encore la couleur de l'ambre qui a donné son nom à l'électricité.

Comme le rouge, et d'ailleurs toutes les couleurs, le jaune a aussi un aspect négatif, selon l'usage et les circonstances. Il en est de même pour ce qui concerne les pulsions humaines. Chacune est constructive et destructive.

L'or et la lumière ont un sens infernal. L'histoire de Satan montre comment l'ange de la lumière devient le démon de l'orgueil.

L'or métal représente aussi la cupidité. La « fièvre » de l'or apporte la violence, la haine et la mort. La sagesse peut aussi devenir folie ridicule. Le « jaune » désigne le traître aussi bien que le « cocu ». Pendant des siècles, en Occident chrétien, des fanatiques ont imposé aux Juifs le port d'une marque jaune, la « rouelle », en signe d'infamie, pour les désigner à la vindicte publique ! « Rire jaune » est une locution qui traduit la contrariété contenue dans une manifestation feinte et forcée de satisfaction.

La lumière trop éclatante aveugle et tue. Le jaune est aussi la couleur du désert et de la sécheresse. C'est également la couleur du soufre, instrument de la colère divine selon la Bible : Dieu déverse une pluie de soufre sur Sodome. Enfin, la couleur de l'or inaltérable, symbole de ce qui résiste aux souillures, est aussi la couleur des excréments : urine et matières fécales. Les pigments qui colorent ces excrétions contiennent du soufre.

Les légendes populaires associent les « vapeurs » de soufre à tout ce qui est diabolique.

L'ambivalence du jaune a beaucoup gêné les héraldistes. Ceux-ci, comme on sait, composent des blasons qui illustrent les qualités d'une famille et d'une personne.

Le blason présente une identité spécifique sous son meilleur jour, de manière à stimuler son propriétaire et à le responsabiliser. Chaque forme, chaque couleur parle. Rien n'est laissé au hasard. Aussi, les héraldistes font du jaune d'or l'image de la sagesse et du jaune pâle la couleur de la jalousie, de l'inconscience, de l'adultère et de la trahison.

Cette distinction a été empruntée aux Arabes.

Le bleu, ciel et air.

Le bleu est la couleur du ciel et de l'air. La coloration azurée du ciel est un effet de la lumière du soleil qui traverse l'atmosphère chargée de particules. Associé au ciel et à l'air, le bleu agrandit les formes et les éloigne. Il s'agit d'une illusion d'optique provoquée par un réflexe psychologique qui « reconnaît » dans le bleu la transparence des grands espaces d'en haut. Le peintre Kandinski avait remarqué cette propriété du bleu [1]. Un mur peint en bleu, disait-il, éloigne. Le bleu a pour effet de faire oublier, dans une certaine mesure, la présence de ce mur.

Dans le monde chrétien, le bleu clair symbolise la foi et le détachement des valeurs terrestres. A l'idée de transparence s'ajoute analogiquement l'idée de perte. A cause de cela, le langage populaire lui donne une signification négative : « une peur bleue », « n'y voir que du bleu ». En allemand, « être bleu » est l'expression populaire équivalente à la française : « être gris » (ou noir). Elle traduit l'état d'ébriété. A l'extrême, le bleu représente le comble de la passivité et du renoncement.

(1) Kandinski : « Du Spirituel dans l'Art », manifeste du mouvement : « Le Cavalier bleu » (1920)

L'oiseau bleu des contes de fées représente le désir d'évasion et le besoin de merveilleux.

En héraldique, l'Azur est le signe de la justice, de l'humilité, de la fidélité, de la chasteté et de la loyauté.

Imagination, liberté, évasion, rêve, tels sont les concepts suggérés par le bleu. L'aspect négatif de cette couleur réside dans la démesure de ces concepts. Trop d'imagination conduit au délire, le rêve non contrôlé mène à l'irréalisme. La frivolité, la vanité, l'égocentrisme sont les aspects négatifs des tendances stimulées par le bleu.

La transparence, l'air et le ciel suggèrent l'infini. L'infini de l'espace suggère l'infini du temps. En Grèce, les statues de Chronos et d'Hermès étaient peintes en bleu ou en noir dont le contenu symbolique est voisin, puisque l'absence de lumière suggère l'absence de limites. Les Egyptiens plaçaient des scarabées de pierre bleue dans les tombes pour signifier l'immortalité. Au Mexique, le dieu Huitzilopochtli, dispensateur de l'immortalité, avait une peau bleue.

Les couleurs secondaires

Le vert = bleu + jaune

Le tout est plus et autre chose que la somme des parties, avons-nous dit. La couleur verte justifie cette vérité paradoxale.

Le vert est la couleur dominante des végétaux. Avec le bleu, il participe à la coloration des eaux : mer, lacs, fleuves.

La chlorophylle est la substance des végétaux. Elle est comparable à l'hémoglobine du sang. Grâce à elle, le carbone contenu dans l'atmosphère s'intègre dans les tissus vivants. Pour remplir cette fonction essentielle de la vie, la feuille verte utilise l'énergie solaire, plus exactement les rayons rouges du spectre solaire.

La couleur complémentaire du vert est le rouge. La feuille est verte parce que le vert absorbe les radiations rouges, complémentaires du vert. Le végétal vert fixe et assimile le carbone de l'air. De ce fait, il rend respirable l'air atmosphérique. Sans les végétaux, l'air stockerait à la longue trop d'anhydride carbonique et tous les êtres vivants seraient condamnés à l'asphyxie. En outre, les végétaux nourrissent les animaux.

Le vert vivant du végétal capte l'énergie solaire et transforme une énergie inférieure à grande longueur d'onde en énergie chimique, de qualité supérieure. Le végétal fait donc obstacle à la dégradation de l'énergie sur notre planète. Il est la nourriture par excellence de l'animal puisque même les carnivores la consomment indirectement en absorbant les herbivores. Par conséquent l'énergie dont disposent les êtres vivants, en vertu du phénomène de la respiration, n'est autre chose que de l'énergie solaire emmagasinée par le végétal.

Le vert est une couleur froide qui évoque l'humidité. Chacun sait que les feuilles sont d'autant plus vertes qu'elles vivent en milieu humide. Le vert est le contraire du rouge comme l'eau est le contraire du feu.

Le dualisme vert-rouge contient tout ce qui a été dit à propos du couple noir-blanc.

Le vert était, chez les Grecs, consacré à Aphrodite (Vénus) qui, née des eaux, personnifie la nature, la mère, la nourrice, l'amour et la beauté.

A ce niveau, tout comme le bleu, le vert est associé symboliquement au noir : l'eau des origines se confond avec la nuit. « Je chanterai la nuit, dit Orphée, la nuit, mère des dieux et des hommes, la nuit, origine de toutes choses créées, et nous la nommerons Vénus. »

Déesse des origines, la grande Mère peut être une déesse noire ou une déesse verte. Le mot : « la grande Mère » honore, sous des noms différents (Vénus, Ishtar,

Cybèle, Déméter, etc.) la même déesse. Les Vierges noires peuvent être mises en relation avec ce culte primordial.

Régénération de la nature, le printemps, symbolisé par le vert, renvoie à l'idée de régénération spirituelle. Dans toutes les religions, le vert symbolise le premier degré de la régénération spirituelle.

Dans le christianisme, l'eau du baptême « régénère » l'homme déchu à cause du péché originel, comme le sang de la croix régénère l'humanité. « Si l'on fait ces choses au bois vert, que ne ferait-on au sec ? » a dit Jésus. Nos vieux « Imagiers » représentaient la croix de couleur verte. A Chartres, les vitraux la montrent verte, bordée de rouge.

Les trois compagnes d'Aphrodite (Vénus) Thalie, Euphrosyne et Aglaé, sont respectivement vêtues de vert, de bleu et de rouge. En effet, Thalie règne sur la végétation, Euphrosyne sur l'air et Aglaé sur le feu.

Couleur des débuts, de l'initiation, du printemps et de la jeunesse, le vert est associé à toutes idées de renouvellement.

L'aspect négatif du vert est associé à la putréfaction.

Le vert, comme mélange du bleu et du jaune, n'a pas la pureté de l'azur. Sa nature est double. Janus, le dieu à deux visages, était voué au vert. L'influence du vert sur notre psychisme est dangereux. L'empereur Néron, de sinistre mémoire, aimait regarder combattre les gladiateurs à travers une grosse émeraude dont l'effet optique grossissait comme le fait une loupe. A travers l'émeraude verte, le sang paraît noir et cela procurait à Néron une grande satisfaction.

Des malades mentaux agités deviennent souvent encore plus malades lorsqu'on les fait vivre à la campagne, au « vert ». La contemplation de cette couleur peut conduire un dépressif au suicide. Si le vert est la couleur du repos, selon Charles Baudelaire, il est aussi la couleur de la passivité.

L'opposition-complémentarité vert-rouge exprime l'idée de changement d'état et de régénération permanente, puisque le feu accélère la combustion et renouvelle (1), tandis que le vert permet et signale le renouvellement.

VERT	ROUGE
EAU	FEU
PASSIF	ACTIF
FEMELLE	MÂLE

REGÉNÉRATION

L'orange = rouge + jaune

Cette couleur qui doit son nom à l'un des fruits les plus exquis prend en compte ce qui a été dit sur le rouge et sur le jaune. En hébreu et en arabe, l'orange est la « pomme d'or ». Sa couleur chaude et agréable est complémentaire de l'azur profond des ciels méridionaux.

L'orange tempère le rouge et, de ce fait, possède ses connotations propres. Elle participe de l'amour et du discours, elle est l'intuition, l'inspiration. Elle associe au feu, l'or du Verbe et la science élaborée par l'esprit. C'est la couleur de l'union. L'orange, ou safrané, est la couleur des moines bouddhistes en Extrême-Orient. Virgile raconte dans les « Enéïdes », que le voile de noces posé sur les épaules de la belle Hélène était bordé de safran.

En vertu de la loi d'ambivalence, l'orangé, signe d'union, est aussi celui de l'adultère, comme le jaune.

(1) La signification alchimique de INRI = IGNAE NATURA RENOVATUR INTEGRA : la nature se renouvelle intégralement par le feu.

En héraldique, l'orangé signifie hypocrisie et dissimulation.

Violet, pourpre et hyacinthe = rouge + bleu.

En tant que rouge, couleur de la vie (combustion) « éteint » par le bleu du ciel, le violet devient couleur de deuil. Il est le passage entre la vie et l'immortalité symbolisé par le bleu. Dans la chrétienté, c'est la couleur dont on recouvre les autels durant la semaine sainte, au cours de laquelle sont commémorées la Passion et la Résurrection de Jésus Christ.

Le violet est devenu la couleur de deuil des rois de France et la couleur des cardinaux.

Comme le bleu, le violet exprime la spiritualité, mais avec une nuance de mélancolie. Cette petite fleur des champs, que l'on appelle la violette, est tout naturellement la fleur de la modestie où le « rouge » de la violence et de la passion est effacé par le bleu.

Le pourpre est, comme le violet, un mélange de rouge et de bleu. Néanmoins, il s'en différencie car il laisse au rouge la plus grande part. Le pourpre est du rouge nuancé par du bleu. A Rome, cette couleur était réservée aux détenteurs du pouvoir suprême. Il était associé à la fortune et à la puissance parce que cette teinte s'obtenait à partir de coquillages rares. Le tissu teint de pourpre coûtait fort cher.

L'hyacinthe ou jacinthe fait la part plus belle au bleu. Comme le violet, elle exprime le rouge et l'éteint. L'hyacinthe avait le même sens que la « salamandre », qui passait pour résister à la flamme. La pierre nommée hyacinthe, variété de corindon teinté d'orangé, était portée par le grand Prêtre d'Israël.

Tout ce qui est mélange rouge-bleu est associé à l'union

et à l'identification. Par extension, la notion de soumission surgit dans la conscience.

Autrefois, on attachait une pierre violette au cou des enfants pour les rendre dociles. Ces valeurs symboliques font partie de la mentalité de l'« individu violet », marqué par le désir de s'identifier à un être cher : parent, héros, star. Processus normal chez les adolescents (de nombreux jeunes éprouvent de l'attrait pour le violet), c'est un stade transitoire entre l'enfance et l'âge adulte : on calque sa conduite sur celle d'une personne que l'on admire.

Autres couleurs composées

Le rose = rouge + blanc.

L'importance du rose en symbolique est considérable. Le rouge, signe de toutes les ardeurs, est tempéré par le blanc de la pureté. La couleur rose exprime donc l'amour nuancé de constance, de retenue, de maîtrise de soi.

La rose et son culte sont une partie essentielle de la culture indo-européenne. Son symbolisme correspond à celui du lotus en Orient. En Occident, cette fleur est consacrée à Aphrodite (Vénus) : La rose naquit des sourires de Cupidon ou tomba des cheveux de l'Aurore alors qu'on les peignait. Le premier rosier aurait surgi de terre au même instant où Vénus sortit de l'écume des flots. Une goutte de nectar, boisson divine, tombée sur le rosier, aurait alors donné naissance à la rose.

D'après la Légende, les roses étaient blanches à l'origine, mais, comme Vénus courait au secours d'Adonis, menacé par la jalousie de Mars, une épine lui pénétra le pied, et le sang de la blessure répandu sur les pétales de la rose teignit en rouge la blancheur primitive.

L'Ame d'Apulée recouvre la forme humaine en mangeant une couronne de roses vermeilles que lui présente le grand prêtre d'Isis. Ainsi le rosier, selon Apulée, est l'image du régénéré.

La rose, dans les textes sacrés, accompagne bien souvent le Vert, ce qui confirme cette interprétation. Ainsi dans l'Écclésiaste (24,14) « J'ai grandi... comme les plantes de roses Jéricho, comme un olivier magnifique dans la plaine ».

L'Olivier était consacré à Athéna — la déesse aux yeux verts qui naquit à Rhodes, l'île des roses. Cela suggère des rites initiatiques. La rose, née du sang d'Adonis, était attribuée à Eros, Aphrodite et Dyminos, d'où les couronnes de roses que portaient les convives des festins rituels en l'honneur de la régénération.

Ce symbolisme de régénération est à l'origine de la coutume qui consiste à déposer des roses sur les tombes. Les Anciens nommaient cette cérémonie Rosacia. Tous les ans, au mois de mai, ils offraient des roses aux défunts.

La rose est aussi associée au Savoir. Elle est le trésor de la sagesse. Le « Roman de la Rose » de Jean de Meung est notre première encyclopédie, la Somme du savoir médiéval au XIIIe siècle. C'est aussi dans le sens de « Savoir » qu'il faut interpréter la « Rose alchimique » et la « Rose mystique » personnifiées dans le christianisme par la Sainte Vierge. La rose mystique est l'illumination rencontrée à la dernière étape de la quête spirituelle.

Rose, c'est la Sagesse et la Beauté, c'est la Régénération. L'Amour transforme. L'Amour est la voie de la métamorphose. Ces transformations ne sont pas forcément profitables. De ce point de vue, le mythe de Circé est d'une transparente allégorie : L'Odyssée raconte qu'une dangereuse magicienne, Circé, métamorphosa en pourceaux les compagnons d'Ulysse qui n'avaient pas su, comme leur chef, garder la clairvoyance et la sagesse au milieu même de l'ivresse de leurs sens.

L'aspect négatif de la couleur rose est indiqué par ce

mythe : le goût exagéré du plaisir amollit l'esprit. La rose invite au laisser-aller, à l'abandon, ou au renoncement à l'effort sur soi-même.

Le gris = noir + blanc.

Le gris, qui peut être plus ou moins foncé selon la proportion noir-blanc, est, en symbolique, asssocié au passage de la lumière aux ténèbres ou des ténèbres à la lumière. C'est l'« entre-deux » par excellence, le ni-noir, ni-blanc. Il suggère la neutralité, l'équilibre, la tiédeur. Mais il est aussi inquiétant car il est associé à l'ombre et au crépuscule. Le folklore abonde d'histoires effrayantes sur le thème du « loup gris », de l'« homme gris », personnages forts et cruels. En langue allemande « grausam » (cruel), est formé de « grau » (gris). La grisaille est une métaphore colorée qui exprime la monotonie, l'ennui, la médiocrité.

L'imaginaire réagit négativement envers le gris, et, dans la vie pratique, le gris (noir + blanc à 50 %) ne plait pas. Pourtant lorsqu'il est teinté, ne serait-ce que légèrement (de bleu le plus souvent), il devient agréable car il adoucit les connotations symboliques de cette teinte, tout en les suggérant néanmoins.

Le triangle de Goethe.

Parmi les systèmes montrant des relations organisées de couleurs, le plus célèbre est le triangle de Goethe, poète allemand et auteur d'un « traité des couleurs ».

Nous reproduisons son triangle ci-après

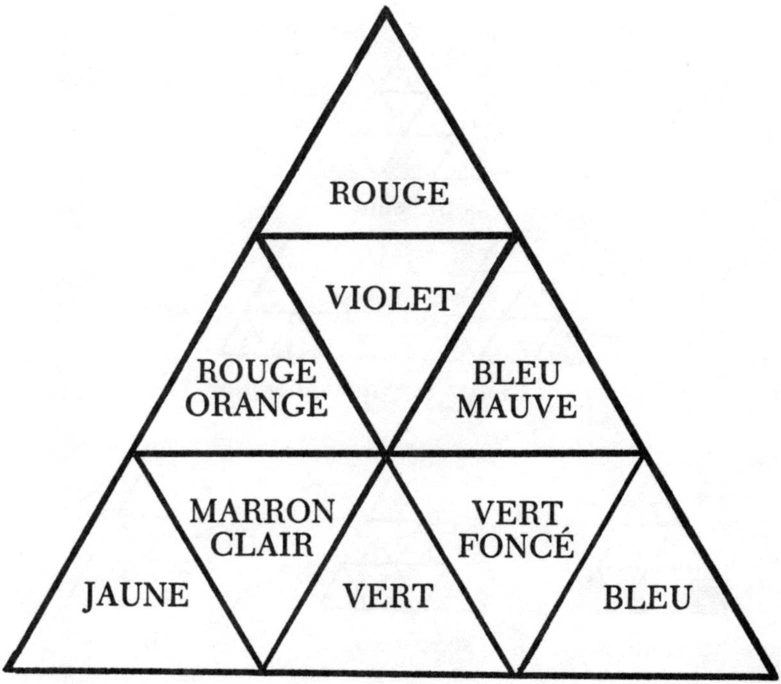
ROUGE
VIOLET
ROUGE ORANGE
BLEU MAUVE
MARRON CLAIR
VERT FONCÉ
JAUNE
VERT
BLEU

SUBDIVISION DU TRIANGLE DE GOETHE

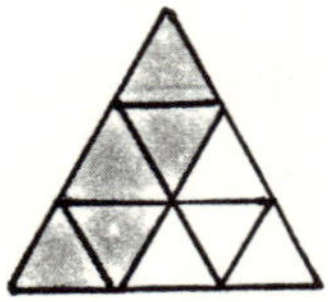

lucide

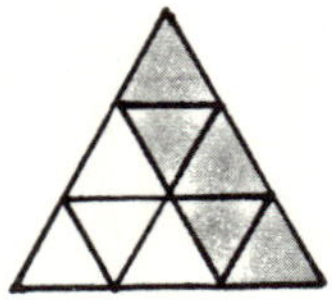

sérieux

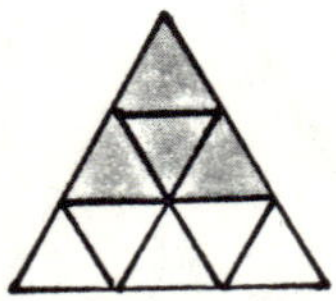

puissant

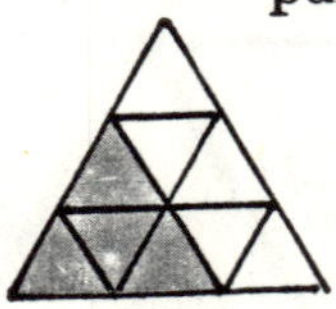

serein

mélancolique

primaires

secondaires

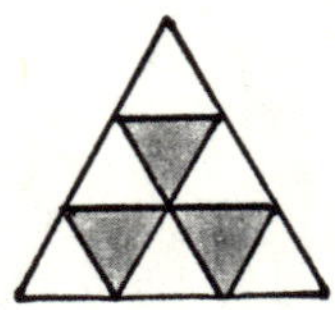

tertiaires

complémentaires avec leurs mélanges dominés par leur primaires.

Reconnaissez-vous dans les subdivisions du triangle de Goethe !

Chapitre II

Les couleurs dans la vie quotidienne

— Informations utiles pour la décoration, le coloriage d'espaces ou d'objets.
— Des goûts et des couleurs,
— Les couleurs et la décoration,
— Les couleurs et la publicité,
— Les couleurs et la santé (chromothérapie),
— Les couleurs et l'aura,
— Les couleurs et les chakras.

Informations utiles pour la décoration, le coloriage d'espaces ou d'objets

Les images consécutives et la décoration.

Pour décorer un intérieur privé ou public, ou bien un extérieur, il faut tenir compte de l'influence produite par une couleur sur la manière de percevoir les autres. Lorsque vous regardez une image colorée sous une certaine luminosité, la clarté de la couleur que vous voyez immédiatement après est modifiée.

Il faut donc prévoir ce phénomène et s'en servir. Il convient de créer une ambiance colorée en tenant compte des images consécutives qu'elle provoquera lorsque, l'ayant quittée, vous vous trouverez sans transition à l'intérieur d'un autre espace.

On peut constater ce phénomène en visitant les grottes de Lascaux. Dans la grotte, nos yeux s'habituent à la lumière jaune des torches et des lampes qui éclairent les galeries. Au moment où l'on sort à l'air libre, la lumière du jour semble bleue.

Ce phénomène de l'image consécutive est étroitement associé au contraste successif : une couleur renvoie à sa couleur complémentaire. Si l'on fixe une certaine couleur, puis une surface blanche, on voit du blanc moins la couleur à laquelle l'œil était adapté.

Il est possible de se servir avantageusement de cette observation. Par exemple, si on offre à l'œil la vue de plusieurs nuances de bleu foncé et qu'on lui montre tout à coup un objet jaune, celui-ci paraîtra étincelant. Si l'œil ne s'était pas habitué au bleu, le jaune aurait paru plus mat et plus pâle.

Le bijoutier exploite souvent les nuances de bleu foncé

pour composer une vitrine destinée à montrer des bijoux en or jaune.

Les formes dynamiques.

Lorsque l'œil est stimulé par un mouvement rythmique dans un certain sens, l'arrêt de la stimulation provoquera une réaction dans le sens opposé. Ainsi par exemple, une spirale dessinée de telle sorte que l'épaisseur de la ligne et l'espace entre les lignes soient à peu près égaux suggère une rotation dont le mouvement paraît s'effectuer en sens inverse. Il s'agit d'un réflexe naturel, analogue à celui qui renvoie la couleur à sa complémentaire. Cela peut être vérifié facilement par une expérience : si vous faites tourner rapidement un disque sur lequel une spirale est dessinée, vous croirez voir le mouvement inverse.

Exemple d'application pratique : la peinture de raies sur des murs à l'entrée d'un tunnel sur une autoroute. Lorsque l'automobiliste passe à la limite où le plafond du tunnel le couvre, il éprouve une sensation désagréable d'écrasement. Cette impression est contrebalancée si l'on peint des raies obliques sur des murs inclinés, juste avant l'entrée du tunnel. Ces raies successives doivent être peintes avec des couleurs suffisamment contrastées pour être remarquées de loin. Les raies doivent s'arrêter à l'entrée du tunnel. L'œil étant stimulé par ce mouvement rythmique présent dans le champ visuel avant l'entrée du tunnel, l'impression d'écrasement diminuera dès que l'on aura dépassé l'entrée, où les raies s'arrêtent. Ces raies obliques doivent être dirigées vers le bas, inclinées dans le sens de la marche des voitures. Si elles sont inclinées en sens inverse, l'impression d'écrasement augmentera.

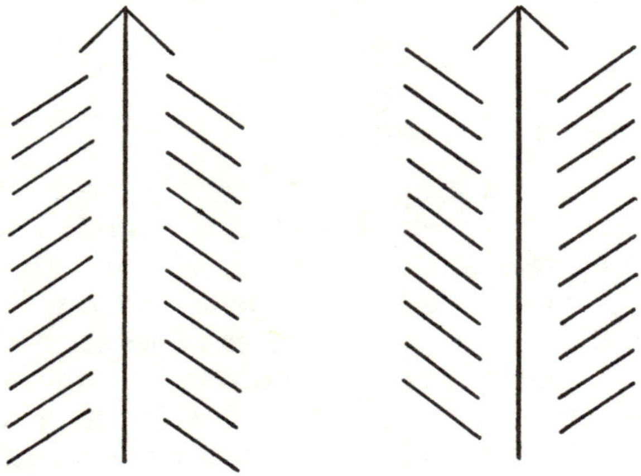

La flèche représente le sens de la marche. Dans le cas N° 1, les raies sont dans le sens de la marche et contrebalancent l'impression d'écrasement. Dans le cas N° 2, l'effet inverse se produit.

La fluorescence.

La fluorescence est un type de luminescence (émission de lumière sans chaleur) dans laquelle la radiation ultraviolette est changée en radiation de plus grande longueur d'onde. Le temps de radiation est très court ; la radiation de grande longueur d'onde disparaît presque immédiatement après l'arrêt de la radiation ultra-violette. L'œil ne perçoit pas l'ultra-violet.

Un produit fluorescent allonge la longueur d'onde des rayons ultra-violets de manière à ce qu'ils rentrent dans la bande des ondes auxquelles l'œil est sensible.

La fluorescence s'obtient en combinant des phosphores. Elle augmente le rendement lumineux.

Les lampes à fluorescence donnent donc toute une gamme de lumières colorées parmi lesquelles on peut choisir en fonction des utilisations : éclairage des usines, des magasins, des bureaux ; éclairage de certaines marchandises ; panneaux publicitaires, etc. Ces peintures deviennent lumineuses quand elles sont éclairées avec une lumière ultra-violette (lumière de Wood, dite « lumière noire »).

Les colorants fluorescents sont utilisés pour les vêtements des travailleurs sur les routes, les agents de la circulation, la publicité, etc.

Si vous devez composer une couleur, faites-le dans les conditions d'éclairage identiques à celles de son utilisation. De nombreux coloris sont en effet « métamériques », c'est-à-dire qu'ils diffèrent selon les conditions d'éclairage. Quand on achète un manteau, on l'examine à la lumière du jour, là où il sera porté. Un intérieur, s'il est destiné à être habité le soir et la nuit plus que le jour, doit être décoré sous l'éclairage artificiel choisi.

La valeur.

On « rabat » une couleur vers le noir et on le « dégrade » vers le blanc. Tous les tons peuvent être mélangés avec du noir ou avec du blanc. Ils perdent alors de leur pureté et deviennent plus foncés ou plus clairs.

La « valeur » désigne le degré d'obscurcissement ou d'éclaircissement d'un ton. Il y a des couleurs de valeurs claires et d'autres de valeurs foncées.

Quand les tons d'un ensemble s'opposent plus par leur degré de clarté que par leur coloration, on parle de « clair-obscur ».

Deux couleurs différentes peuvent avoir la même

valeur. Parmi les couleurs du prisme, on distingue plusieurs valeurs de tons. Le jaune est la couleur dont la valeur est la plus claire et le violet a la valeur la plus foncée. Chaque couleur a une valeur qui lui est propre, en dehors du fait qu'on peut la modifier. La valeur a aussi une grande importance car elle influence son entourage.

Les rapports de couleurs.

Le rapport de quantité.

Petite surface de couleur opposée à une grande surface. Plus la grande surface sera immense, plus la petite surface paraîtra minuscule. Le contraste perçu par l'œil accentue le contraste réel.

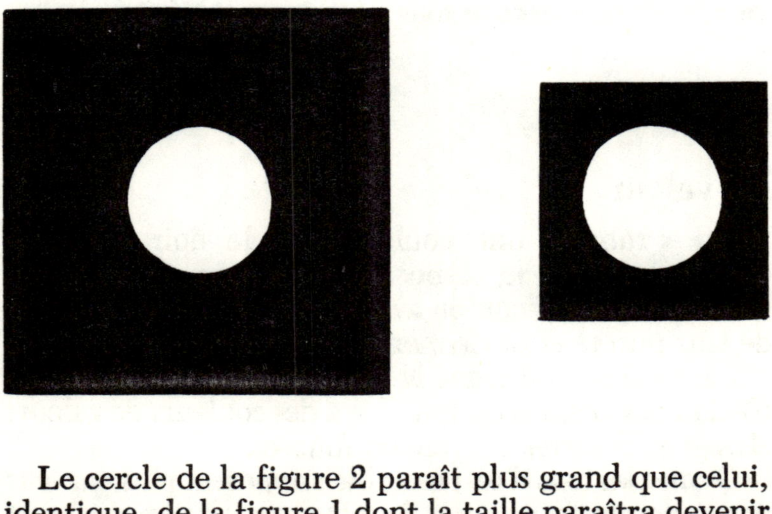

Le cercle de la figure 2 paraît plus grand que celui, identique, de la figure 1 dont la taille paraîtra devenir plus petite au fur et à mesure que la surface environnante grandira.

Les rapports de valeurs.

Couleur claire opposée à couleur foncée. La couleur claire paraît plus claire sur un fond foncé que sur un fond clair. Une petite surface foncée semblera d'autant plus petite qu'elle sera opposée à une grande surface claire.

Elle paraît plus foncée et plus petite sur un grand fond clair que sur un petit fond sombre. On peut en effet additionner le rapport de quantité et le rapport de valeur.

Le rapport de pureté.

Une couleur paraît plus mordante sur un ton mélangé que sur un ton vif.

Rapport chaud - froid.

Un ton froid paraît plus glacial sur un ton chaud que sur un ton froid, et d'autant plus glacial que ce ton sera chaud.

Rapport de complémentaires.

Une couleur paraît d'autant plus accusée dans son caractère propre qu'elle est opposée à sa complémentaire. Un rouge a un aspect plus vif sur un vert que sur un orangé.

Rapport de simultanéité.

La couleur colore son entourage immédiat de sa complémentaire. Un jaune semble plus orangé opposé à un bleu qui paraît lui-même plus violet.

Ces rapports sont indissociables : ils s'additionnent.

Il est très important d'observer les différents rapports de tons pour mieux les contraster ou, au contraire, les rapprocher dans une recherche d'harmonie.

L'Harmonie.

L'harmonie est obtenue lorsque l'esprit est satisfait. Cette notion est associée au bien-être. Pour la suggérer au moyen des formes et des couleurs, comme par tout autre moyen d'expression, il faut jouer avec la grande loi de l'ambivalence : les complémentaires qui se renvoient les uns aux autres, les contrastes, les rapports différents, le mouvement qui suggère l'inverse. Tous ces phénomènes sont des manifestations de cette grande loi, fondamentale et universelle.

Les contrastes provoquent des réactions émotionnelles à des couleurs données. L'opposition chaud-froid entraîne des associations comme ci-dessous.

chaud-froid	agressif-indifférent
actif-passif	coloré-terne
heureux-triste	jeune-vieux
exubérant-renfermé	etc.

Suivant l'association et la symbolique des couleurs, le rouge contraste avec plusieurs couleurs :

Rouge +	gris ou vert ou bleu	- feu et eau
	blanc	- guerre et paix
	noir	- amour et rigueur
	jaune	- émotion et intelligence
	blanc et or ou bleu et or	- enfer et ciel
	bleu	- le Moi et l'Infini.

Cette liste peut être enrichie et nuancée. Il faut l'interpréter en fonction de l'histoire et des croyances. Néanmoins, les beaux-arts et l'histoire nous montrent de nombreux exemples d'associations conformes à ce tableau.

Tout ce que nous avons déjà dit dans le premier chapitre et qui se retrouve ci-dessus sous la forme schématique est justifié par l'art religieux, les arts folkloriques, la littérature et les traditionss. Il faut en tenir compte au niveau des applications, même si cela procède parfois d'un fantasme aberrant. Un exemple à ce propos : le blanc est associé actuellement, dans l'inconscient collectif, à la pureté qui est une notion perçue avec sympathie. Le contraire de la pureté est l'impureté, c'est-à-dire, ce qui est souillé, sale, mauvais.

A cause de cette association symbolique, il faut que le lait, le riz et souvent le pain soient blancs. Or, pour obtenir une belle blancheur convaincante à ces aliments, il faut les dévitaliser !

Cet exemple démontre que le symbolisme, né de l'analogie et surgi de l'esprit pré-logique, n'est pas toujours positif et provoque parfois des comportements aberrants.

La diversité comme manifestation de l'évolution — Du rouge à la polychromie.

Lorsque nous observons la nature, nous constatons que les espèces simples, végétales ou animales, possèdent des cellules toutes semblables ou presque et sont monochromes (une seule couleur les caractérise). Ces espèces simples se reproduisent facilement et régénèrent facilement une partie amputée d'eux-mêmes. Plus l'organisme se complique, plus les cellules qui le constituent se différencient les unes des autres et plus il lui est difficile de se multiplier ou de régénérer une partie amputée.

Dans le règne animal le plus inférieur, certains êtres monocellulaires se reproduisent simplement par scissiparité. De même, certaines parties enlevées au corps d'un animal simple se régénèrent comme la branche cassée d'un arbre. Si l'on coupe, par exemple, le bras d'une étoile de mer, il reproduira, par simple bourgeonnement, une nouvelle étoile. D'une manière analogue repousse la branche coupée d'un arbre. Les cellules de ces organismes ont des fonctions qui, chez les animaux supérieurs, sont remplies par des organes spécialisés. Claude Bernard a fait remarquer que les êtres simples n'ont pas de foie. Ce sont toutes leurs cellules qui jouent le rôle du foie. Donc l'évolution marche dans le sens de l'organisation et de la spécialisation des organes. En allant ainsi du simple au complexe, la nature conduit aussi à la multiplication des « nuances » et à la diversification des personnalités. Plus une espèce est compliquée, plus se différencient les membres de cette espèce. Ce que nous nommons l'individu, la personnalité et la conscience constituent le couronnement de la vie.

Ainsi, au fur et à mesure que l'être monte dans la hiérarchie de l'organisation, il acquiert une indépendance interne à l'égard de ce milieu. Le végétal est sous la tutelle étroite du milieu. Il dépend directement de la lumière, de la chaleur, de l'humidité, des sels minéraux. S'il fait froid et s'il fait nuit, le végétal demeure inactif. L'hiver, il ralentit son activité. A l'inverse, l'homme et les animaux évolués, même s'ils ne peuvent s'affranchir totalement du milieu, seront dans leurs activités moins dépendants de la température, de la lumière, etc. Ils disposent d'une autonomie, d'une liberté, certes relatives, mais qui leur permettent de survivre et d'avoir une activité en toutes saisons, le jour et la nuit, sous tous les climats. Cette liberté, ils la doivent pour une large part au fait que leur milieu interne (le sang) est à une température constante.

Les animaux à sang froid sont beaucoup plus dépendants du milieu que les animaux à sang chaud. Le sang froid est plus ou moins incolore. Sa composition diffère fort peu, bien souvent, de celle de l'eau de mer (ainsi le sang des batraciens, poissons et reptiles).

Ce court exposé d'histoire naturelle permet de préciser comment se passe l'évolution, sous le rapport des couleurs. D'abord sous l'étroite dépendance des éléments, la vie marche vers une indépendance relative et vers la liberté. Cette liberté est associée nécessairement à la complexité et à la diversité. Cette évolution se fait dans la mesure où le milieu se rapproche de la fixité. Le sang à température constante, ce sang rouge dont la couleur chaude est celle des rayons du soleil captés par le végétal et qui en véhicule l'énergie, a été pour la nature l'expérience décisive de l'autonomie individuelle, de la personnalité et de la conscience. Ainsi la conscience, le Moi, l'individuation sont signifiés par le rouge.

Cela est perçu dans tous les mythes et, à titre d'exemple, référons-nous à l'Adam-Kadmon, l'homme rouge, de la tradition kabbalistique, le premier « individu » capable de dialoguer avec l'Éternel. En hébreu, les mots « HOMME » et « ROUGE » ont une racine trilitère commune : A - D - M.

Mais l'individu appelle la différenciation et la multiplication des nuances. Plus nous évoluons, plus la notion d'harmonie que nous avons présentée ci-dessus devient compliquée. La liberté s'affirme à mesure que disparaît la dépendance à l'égard du milieu. Ce qui est vrai au plan de l'histoire naturelle demeure aussi vrai au plan social. Les « normes esthétiques », les « normes éthiques », évoluent. La créativité, génératrice de liberté, transgresse des normes et en propose de nouvelles. Or, choisir des coloris, pour ses vêtements, pour décorer son intérieur ou autre chose, c'est communiquer en affirmant une manière d'être. En ce domaine, il faut oser et ne pas considérer l'harmonie comme une système clos qui contient des vérités éternelles. Oser, c'est participer à l'évolution naturelle.

Il est significatif de constater que, parmi les personnages stéréotypés de la Commedia dell'Arte, celui qui incarne la liberté d'esprit, l'intelligence et la malice, celui qui manipule les autres, trouve la solution de leurs problèmes ou leur en crée, selon son humeur, est l'Arlequin. Son vêtement « dit » ce qu'il est, avec ses petits losanges de toutes les couleurs. Il refuse la couleur unie et par là, signifie une complexité et des contradictions qui « blasonnent » l'indépendance et, par conséquent, l'évolution.

La mode du « patchwork » qui consiste à porter un vêtement composé, avec ou sans art, de morceaux de couleurs différentes, est à mettre en rapport avec l'Arlequin. De même, un intérieur décoré de manière à ce que des styles, des formes et des couleurs très différents vivent ensemble, procède d'une recherche génératrice de liberté.

Tout ce qui n'a pas été présenté dans ce chapitre sur les associations de teintes, images consécutives, valeurs, etc. sont des éléments d'information à partir desquels on doit créer des compositions nouvelles.

Au niveau de la décoration, il va de soi que les couleurs et les formes sont interdépendantes. D'une manière générale, les formes simples appellent des couleurs franches et unies. Inversement, les formes compliquées sont colorées de teintes mêlées. Ainsi un mobilier composé de meubles épousant des tracés géométriques purs (carré, rectangle, cercle, ovale, cône) demande des couleurs claires et des tons unis pour eux-mêmes et pour le milieu ambiant. Des meubles dont les formes sont ornementées et irrégulières appellent des coloris beaucoup plus nuancés.

Pourtant, cette loi se réfère à des associations pratiquées et auxquelles nous sommes habitués. Rien n'empêche d'innover et d'explorer de nouvelles associations.

La grandeur de l'homme est de produire et non de reproduire. D'autre part, ce qui choque aujourd'hui peut plaire un autre jour. Le « choc » négatif, en matière de beauté, n'est que la réponse des habitudes qui s'estiment agressées.

Des goûts et des couleurs

De nombreuses expériences ont été effectuées depuis quelques dizaines d'années sur les couleurs. Sur les trois approches courantes des couleurs, on remarque que si l'approche physique a été approfondie, de même que l'approche physiologique, l'aspect psychologique n'a pas eu autant de succès.

Des résultats de ces expériences nous pouvons tirer les considérations générales suivantes :
— parmi les sept couleurs de base, les hommes préfèrent le bleu ; tandis que les femmes sont plus attirées par le rouge.
— les enfants ont un goût pour les couleurs suivantes, par ordre de préférence : bleu, rouge, blanc, vert et brun.

D'autres expériences ont été effectuées et nous allons en retracer une qui paraît intéressante (1).
— d'après ce test effectué dans des conditions excellentes.

• les couleurs ressenties comme les plus agréables sembleraient être par ordre de préférence : **le bleu, le rouge, le jaune, le vert, l'orange, le violet,**

• et les couleurs ressenties comme les plus désagréables seraient : **le violet, le vert, le jaune, le rouge, l'orange, le bleu.**

Le tableau suivant exprime ces résultats :

	Agréments	*Désagréments*	*Différence*
Bleu	**49,5%**	**-**	**+ 49,5%**
Rouge	**23,6%**	**10,5**	**+ 13,1%**
Orange	**3,1%**	**5,0**	**– 1,9%**
Jaune	**10,5%**	**16,5**	**– 6,0%**
Vert	**9,6%**	**28,8**	**– 19,2%**
Violet	**3,7%**	**39,2**	**– 35,5%**

Dans la différence entre les agréments et les désagréments, on note que le bleu vient en tête, suivi du rouge ;

(1) « Les couleurs dans la publicité » : Maurice Deribere-Dunod

l'orange est ignoré ; le jaune discuté ; mais le vert et surtout le violet sont rangés tout en bas de l'échelle.

Pour le choix du bleu, les raisons indiquées sont le plus souvent d'ordre sentimental, « je la trouve à mon goût », « c'est agréable », « c'est une belle couleur », etc. D'autres l'aiment parce que « c'est calme », reposant, « distingué », « doux ». Souvent on l'associe à la couleur du ciel, ainsi que la mer et les voyages.

Les amateurs du rouge invoquent des raisons surtout sentimentales : « c'est plus stimulant », « plus brillant », « plus vif », « plus chaud », « énergique », « fort ». Certains évoquent la couleur de fruits tels que les cerises, les groseilles, etc.

Ceux qui trouvent cette couleur rouge désagréable ont généralement les idées bien définies : « le rouge me gêne », « c'est trop vif », « cela me porte sur les nerfs ».

L'orange est oublié. Quand il apparaît, c'est pour des raisons sentimentales : « chaud », « joyeux », « brillant ».

Le jaune suit les mêmes règles, qu'il soit apprécié ou non, les raisons en sont les mêmes.

Le vert est parfois préféré pour ses évocations de la nature, du printemps, de l'espérance. Son caractère reposant est le plus souvent indiqué comme désagréable, même si cela peut surprendre.

Quant au violet, il est souvent classé comme désagréable pour des raisons presque uniquement sentimentales, « évoque le deuil », « triste », « macabre », « froid », « terne », « sombre », « pas franc », etc.

Parmi les nuances agréables, c'est le rose qui vient largement en tête, suivi du blanc, du beige, du bleu ciel, du bleu clair, du vert clair, du jaune paille, du bleu marine.

Parmi les nuances désagréables, le noir vient très largement en tête : « triste », « laid », « sombre », « lugubre », suivi du jaune-vert, « sale », de mauvais goût », du vert-olive, « sale et triste », « neutre et terne », du vert-jaune, « fatigant », « criard », etc.

Une technique pour l'harmonie des couleurs :

Un chercheur a établi un schéma qui permet d'accorder les couleurs entre elles de façon harmonieuse.

Autour d'une couleur donnée, il existe des zones correspondant au cercle chromatique qui s'harmonisent avec la couleur de base. Le cercle ci-dessous reproduit ce qui vient d'être dit. Les zones blanches donnent des combinaisons agréables, soit parce qu'elles sont complémentaires, soit parce qu'elles ne sont pas trop éloignées, par contre les zones hachurées ne vont pas avec la couleur de base.

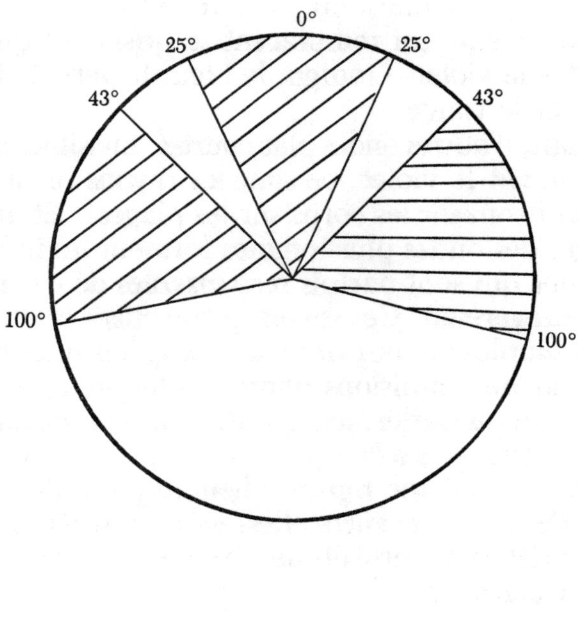

Muni d'un rapporteur on pourra donc établir les possibilités d'harmonies dont nous donnons ci-après quelques exemples.

Les couleurs et la décoration

La couleur

Phénomène physique, la couleur est en fait composée d'ondes électromagnétiques de différentes longueurs et dont certaines seulement nous sont rendues visibles. L'exemple nous en est donné par le prisme, qui décompose la lumière solaire, ou par l'arc-en-ciel, formé par les gouttes d'eau qui remplacent le prisme et qui font apparaître le violet, l'indigo, le bleu, le vert, le jaune, l'orangé et le rouge.

Pourtant, d'autres ondes plus courtes, invisibles à l'œil, existent avant le violet, ce sont les rayons ultraviolets (ceux qui bronzent les corps sur les plages). Et au-delà du rouge, des ondes plus longues forment les infrarouges (rayons qui sont parfois responsables de « coups de soleil » dangereux). Ces rayons infrarouges et ultraviolets sont employés pour des travaux spécifiques et sont révélés par des émulsions photographiques spéciales.

Nous n'allons parler, ici, que des couleurs visibles (en supposant que vous n'êtes pas daltoniens). La rose chromatique, qui est une figure schématique indiquant le rapport des couleurs entre elles, va nous servir à matérialiser le début de cette étude, car elle a le mérite d'être simple et claire.

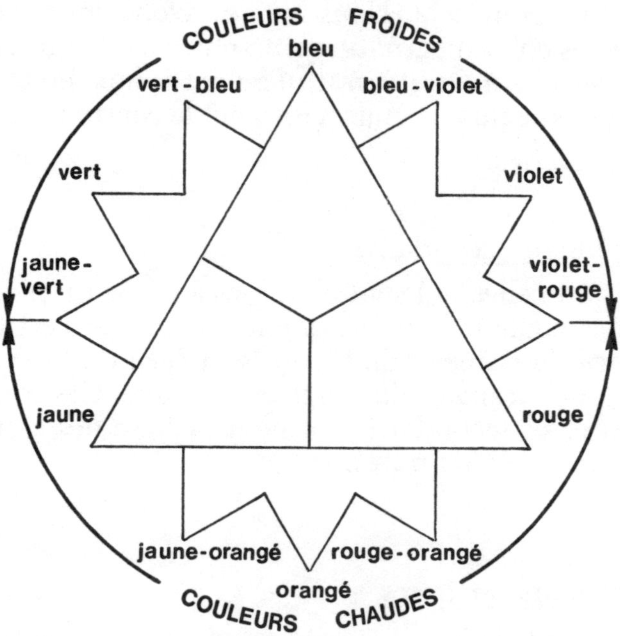

(se reporter à la rose chromatique pages hors-texte couleurs)

Qu'est-ce que la couleur ?

Les couleurs primaires.

Ce sont les couleurs qui ne peuvent pas être obtenues par mélange. Elles sont au nombre de trois : le jaune, le bleu et le rouge. En fait, elles devraient être à la base de toutes les autres couleurs par mélange entre elles et aussi avec le blanc et le noir. C'est le principe adopté pour l'impression en couleurs avec le noir comme quatrième élément et qu'on appelle la quadrichromie.

L'imprimerie procède par superposition et non par mélange intime, mais les colorants, les pigments d'utilisation courante pour ces couleurs primaires ne sont pas assez purs pour cela. Nous-mêmes avons donc recours à d'autres colorants, naturels ou chimiques, qui aident à réaliser une quantité pratiquement infinie de teintes. Ces trois couleurs primaires forment le centre de la rose.

Les couleurs secondaires.

Ce sont celles qui sont obtenues à l'aide du mélange égal des couleurs primaires entre elles : le vert est le mélange du jaune et du bleu ; le violet : du bleu et du rouge ; et l'orange : du rouge et du jaune. Ces couleurs primaires et secondaires forment la base des couleurs vives, ou couleurs pures.

Les couleurs tertiaires.

Elles sont déjà moins précises et sont le résultat des mélanges des couleurs voisines sur la rose chromatique. Par exemple le bleu-violet, couleur tertiaire, est obtenu en mélangeant le bleu et le violet. Le vert-jaune est le résultat de la combinaison du vert et du jaune.

Les couleurs complémentaires.

Ce sont celles qui sont diamétralement opposées sur la rose chromatique. Le rouge est complémentaire du vert, de même que le violet est complémentaire du jaune, et que le jaune-vert est complémentaire du violet-rouge. Pourquoi les appelle-t-on complémentaires ? Simplement parce que, effectivement, elles se complètent, comme si elles s'appelaient l'une l'autre. Faites l'expérience de regarder pendant un court moment une surface colorée convenablement éclairée, rouge par exemple. Si vous fermez les yeux brusquement, vous verrez apparaître le vert sur votre rétine, comme si le vert, absent de votre attention au préalable, manquait à l'équilibre normal et que votre cerveau le rétablisse. Nous exprimons ce besoin quand, dans une harmonie à dominante colorée, nous introduisons une touche de la couleur complémentaire qui va maintenir l'équilibre et « rassurer » l'esprit.

On peut mélanger entre elles les couleurs complémentaires, ce qui a pour effet de les ternir, de les rapprocher d'un ton neutre. On dit que le ton est rompu. C'est-à-dire que la couleur initiale a perdu de sa luminosité ou de sa violence.

Les valeurs

Les valeurs sont l'expression de l'intensité lumineuse des couleurs. Le noir est la valeur la plus foncée, et le blanc, la plus claire. La valeur est donc la transposition en intensité lumineuse d'une teinte ou couleur quelconque, sans tenir compte de sa qualité de coloration. Parmi les couleurs pures, l'échelle des valeurs est ainsi constituée : le jaune est la plus claire, viennent ensuite l'orangé, le rouge, le vert, le bleu et le violet qui est une valeur foncée. Mais les valeurs peuvent être données aussi par tous les mélanges de couleurs, et aussi par le mélange de blanc ou de noir avec les couleurs. On obtient ainsi des gris plus ou moins foncés, plus ou moins colorés qui ont des valeurs particulières, quelquefois égales. Les sensations d'égalité ou de proximité de valeurs peuvent être utilisées comme vibration, éléments de vie dans l'harmonie.

Les vibrations sont calmes si les valeurs utilisent des tons neutres. Elles sont stridentes si les égalités sont formées de couleurs dans l'harmonie générale. On peut dire, pour simplifier, que, si on photographie en noir et blanc un ensemble coloré, l'équilibre général doit encore être bon.

Comment jouer avec la couleur ?

Les camaïeux.

Ce sont les harmonies basées sur une même couleur mais dans des valeurs différentes : l'ensemble du beige clair au marron, en passant par le marron clair et le tabac blond par exemple, forme une harmonie calme en camaïeu. Mais ces harmonies peuvent être très colorées et rassembler les jaunes : du citron clair à l'ocre en utilisant les jaunes intenses intermédiaires et les blanc-jaune.

Ces harmonies en camaïeux sont souvent employées par les photographes de revues pour donner plus d'unité aux pages en couleurs, qui se suivent ainsi sans se ressembler, car c'est la dominante de couleur qui compte le plus. En général, les harmonies en camaïeux, même colorées, apportent un sentiment de calme. Dans la réalité, elles sont bien rarement utilisées intégralement, et, souvent, un objet ou un élément de la couleur complémentaire en petite touche animera une grande composition, qui, sans elle, serait un peu apprêtée, un peu trop calme : le « bon goût » sans vie et sans risque.

Les qualités de la couleur

Il faut néanmoins se garder de l'excès inverse, qui consisterait à utiliser sans discernement un grand nombre de couleurs, censées apporter beaucoup de vie à une composition. Sans nul doute, dans ce cas, elles apporteraient aussi une grande confusion.

La couleur n'est pas obligatoirement pure pour avoir une qualité intéressante. Elle peut être obtenue par apport de noir, de blanc, d'une ou de plusieurs autres couleurs. Ce sont des tons composés, difficiles à obtenir par des non-professionnels ; on les appellerait plus volontiers « teintes » que « couleurs ».

Quelques exemples simples : un jaune pur, éclairci par du blanc, deviendra plus lumineux, mais, en même temps, un peu bleuté. Pour conserver sa qualité première, il faudra lui ajouter un peu de jaune d'or. A l'inverse, dans ce même jaune, une petite pointe de noir lui fera perdre sa luminosité et prendre un ton verdâtre en fonçant ; il faudra donc le tempérer par un mélange d'ocre jaune. Ces deux exemples sont simplistes, car il arrive de mélanger quatre ou cinq couleurs dans des proportions différentes pour réaliser le ton recherché, qui, juxtaposé avec d'autres couleurs, peut prendre une densité et une présence insoupçonnées d'un spectateur superficiel.

Les contrastes colorés

Ils sont directement accessibles, à la fois évidents et brutaux. Ce sont ceux qui sont utilisés par les tout jeunes enfants quand ils commencent à manier la couleur. Ce sont ces mêmes harmonies que les peuples des pays du soleil affectionnent, habitués qu'ils sont aux forts contrastes de la lumière et de l'ombre.

Les plus puissants contrastes sont ceux qui sont donnés par les couleurs primaires et, aussitôt après, par les couleurs secondaires ; ils sont le plus évidents quand les couleurs sont pures. Ils peuvent être renforcés quand ils sont séparés par les blancs et les noirs. L'impression de contraste coloré peut n'être due qu'à une seule couleur intense avec une juxtaposition de blanc ou de noir, ce qui a pour effet d'intensifier encore la personnalité de la couleur ainsi exaltée.

Placée au milieu du noir, la couleur paraît plus brillante ; au milieu du blanc, elle se ternit et paraît moins lumineuse. Il ne faut pas confondre contraste coloré avec vibration colorée, que nous avons vue avec l'égalité de valeurs. Le contraste coloré s'accompagne toujours du contraste des valeurs.

Les contrastes de quantité

C'est le rapport des forces entre les couleurs ou les valeurs, ou les deux à la fois. Il faut, pour que le sentiment d'équilibre soit donné, que l'esprit soit confronté à une volonté affirmée, donc que les contrastes de quantité soient nets.

En effet, si vous vous trouvez confronté à des égalités de surfaces, donc de quantité, de plusieurs couleurs dissemblables, vous aurez un sentiment indéfini ; par contre un ensemble où une couleur dominera tout en étant mise en valeur par des complémentaires, donnera une impression de stabilité et d'assurance, et vous constaterez que la couleur mise en minorité prendra une densité et une intensité plus puissantes, comme si elle voulait se défendre de l'envahissement contraire.

Comment ressentons-nous la couleur ?

Certaines couleurs donnent la sensation de chaleur, évoquent le soleil, le beau temps ; d'autres sont associées à une impression de fraîcheur. On considère, généralement, que les couleurs chaudes vont du jaune-vert au rouge-violet en passant par l'orangé, et que les couleurs froides utilisent les mêmes teintes mais en passant par le bleu. Les couleurs de départ et d'arrivée peuvent, selon leur environnement, leur contraste avec les tons voisins, paraître soit plus chaudes, soit plus froides. Cette sensation de chaud et de froid peut être exploitée pour corriger, dans une certaine mesure, l'orientation des pièces : prévoir des tons froids dans les pièces en plein soleil.

Les propriétés psychologiques de la couleur

L'effet des couleurs sur notre comportement est loin de se limiter à des sensations de chaud et de froid, il agit également sur notre subconscient, et d'une façon particulière à chaque sensibilité, qui peut être encore altérée par les associations d'idées ou de souvenirs même latents. C'est ainsi que, pour certains, telle couleur associée à des souvenirs heureux restera, sans qu'il s'en rende compte, une couleur gaie. Des études scientifiques ont prouvé l'influence des couleurs sur le comportement des individus, à tel point qu'il ne viendrait à personne l'idée de peindre en rouge une chambre de clinique. Il est un peu simple de parler de psychisme à propos de chaque couleur, puisque leur juxtaposition, soit avec d'autres couleurs, soit avec des gris peut modifier ces impressions. On peut quand même dégager les principaux effets généralement admis :

— Le jaune. C'est la couleur la plus claire, la plus gaie, rayonnante et jeune, tonique et éclatante. Le jaune reste lumineux, mais perd de sa force lorsqu'il est mélangé au blanc. Par contre, on augmente son dynamisme s'il est juxtaposé à des couleurs sombres. A côté du rose, il devient acide, mais avec l'orangé il symbolise le soleil. En quantité égale avec le bleu, il perd beaucoup de sa puissance et le bleu aussi, mais avec le violet il reprend toute sa vitalité ;

— Le rouge. C'est une couleur vivifiante et excitante. Sensibilité équivalente, il possède la vibration la plus éclatante, et, selon les accords environnants, peut être strident, exaltant, ou vulgaire. En accord avec un gris moyen, il crée un sentiment tragique ;

— Le bleu. Il est une couleur profonde et mystique, calme et puissante. Il s'accommode assez bien du mélange avec du blanc et forme facilement des accords avec un grand nombre de verts. Il exalte les bruns en gardant toutes ses qualités ;

— Le vert. S'il est plus jaune que bleu, il est vivifiant. S'il est plus bleu que jaune, il peut devenir triste, mais, juxtaposé au bleu il garde toutes ses vertus. Le vert est une couleur qui permet un nombre presque infini de variantes. Il n'est que d'observer la nature, du printemps à l'automne...

— L'orange. C'est la couleur la plus dynamique, elle associe la gaieté du jaune et l'action du rouge, brillante et orgueilleuse. C'est une couleur excitante et vivifiante. L'orangé perd très vite son intensité si on le mélange au blanc. Par contre, mélangé au noir, il forme des bruns denses et beaux ;

— Le violet. C'est la couleur secrète par excellence. Couleur noble et hautaine. Associé au rouge, il prend encore plus d'allure. Mélangé au blanc, il devient mauve et peut atteindre progressivement la mièvrerie. Mais le rouge-violet est fort et spirituel, et le bleu-violet évoque la solitude et le froid ;

— Les mélanges des couleurs. Ils produiront des effets psychologiques en rapport. Mais leurs juxtapositions, transposées au plan psychologique, permettront une variation infinie de sensations qu'il faudra souvent tempérer ou calmer par des tons neutres, naturels, rassurants, propres à chaque matière employée.

Les modifications de la couleur

— Par la matière. Tout ce qui a été dit précédemment peut être modifié par la qualité de la matière composant cette couleur, ou par la qualité de surface d'une matière colorée. Il est évident qu'une même couleur aura des résonances différentes selon qu'elle sera mate comme du feutre ou brillante comme du verre ou de la laque. Dans ce dernier cas, la couleur paraîtra plus froide ; de plus, elle réfléchira les autres couleurs qui seront proches d'elle. Par contre, si la surface est mate, elle paraîtra plus chaude, plus chaleureuse, effet dont on pourra tirer profit pour une couleur froide.

Il faut néanmoins considérer que les surfaces mates retiennent davantage la poussière, et sont plus difficiles à nettoyer que les surfaces brillantes.

— Par la lumière. L'étude qui vient d'être faite a traité des couleurs à la lumière naturelle ou à la lumière artificielle blanche. Mais si on teinte celle-ci, et ce peut être facilement fait avec l'éclairage électrique, on modifie la perception des couleurs. La lumière électrique classique à incandescence, avec sa dominante jaune, nous fait apparaître le jaune plus clair, mais le bleu plus foncé. Et s'il nous prenait fantaisie de nous éclairer avec une lumière rouge, c'est le rouge, dans cette lumière, qui nous apparaîtrait comme la couleur la plus claire.

A l'inverse, il existe des lampes à vapeur de sodium qui éliminent totalement les couleurs pour ne laisser voir que les valeurs.

Ainsi, couleur, matière et lumière s'additionnent et se composent pour aboutir à l'effet final recherché.

Couleur des sols

Les planchers vitrifiés ou laqués gardent une grande distinction et valorisent le mobilier. Mais l'intimité que l'on réclame de plus en plus d'un logis favorise la moquette ; tandis que les carrelages sont cantonnés dans les entrées, salles de bains et cuisines.

Le revêtement du sol doit permettre de créer des séparations ou au contraire d'uniformiser l'espace.

Si l'appartement est petit mais formé de pièces en enfilade, choisir la même couleur de moquette ou la même matière de revêtement pour donner une impression de grandeur et de continuité.

Choisir également un sol uniforme pour relier différentes pièces entre elles ; par exemple, les pièces de réception ou de vie commune : salon, salle à manger, entrée, bibliothèque, bureau.

Le principe de deux types de sols ou de couleurs différents aide à délimiter les deux zones principales de la maison : une couleur pour les parties communes, une autre pour les parties intimes (chambres, salle de bains, garde-robes).

Si l'on choisit une moquette à motifs, cela permet d'animer l'espace en lui donnant une nouvelle dimension. Une moquette à losanges ou à carrés accentue le rectangle ou le carré d'une vaste pièce isolée.

Éviter de choisir des tons contrastés pour les différentes pièces qui transformeraient rapidement l'appartement en un patchwork extrêmement lassant.

La couleur du sol est déterminante pour l'ambiance de la pièce, sa grandeur et la mise en valeur des meubles.

Une pièce grande et bien éclairée s'accommode très bien d'un sol assez sombre. Celui-ci crée une atmosphère douillette et intime, donne une impression de confort et de stabilité, met en valeur les meubles clairs, et même certains meubles foncés qui se détachent sur les murs clairs.

Une pièce petite et sombre gagne par contre à être habillée d'un sol clair et lumineux. La gaieté et le raffinement de ce dernier peuvent donner une nouvelle dimension à l'endroit tout en mettant en valeur des meubles sombres. Attention, toutefois, si le contraste est trop violent entre le sol et le mobilier, fauteuils et commodes n'auront pas d'assise et sembleront suspendus dans l'espace (principalement si les murs sont également clairs). La couleur du sol devra dans tous les cas s'harmoniser subtilement avec celles des murs, des tentures et des meubles. Éviter d'utiliser le même ton au sol et au plafond, la pièce serait alors tassée et rapidement étouffante.

Couleur des murs et des plafonds

Quand les surfaces ne sont pas mesurées, elles ont tout intérêt à se faire oublier. Leur présence discrète laissera le mobilier attirer l'attention. En revanche, les murs et les plafonds peu étendus doivent être peints ou tapissés de nuances brillantes, mais, là aussi, pour se faire oublier.

Si la disposition des murs n'est pas gênante, le mur devient facilement sujet décoratif. On le recouvre, hors la peinture, de tissu, moquette, placage métallique, lattes de bois ou papier à tapisser et toutes leurs nuances apportent beaucoup à l'effet décoratif ou fonctionnel d'une pièce, de même que leurs motifs sont des points d'attraction pour l'œil. Les catalogues de tissus à tendre et de papiers à tapisser permettent le plus grand choix et l'amateur peut avec de plus en plus de facilité les poser lui-même. Ce n'est pas une raison pour jeter son dévolu sur un revêtement catastrophique dont on ne constatera le gâchis qu'en fin de travail !...

La sobriété des murs est parfaitement justifiée si l'ameublement de la pièce doit être primordial. Dans le cas contraire, il ne faut pas hésiter à poser des panneaux aux violents contrastes. Les cuisines blanches semblent avoir fait leur temps, et une salle de bains orange donne une bien meilleure mine lorsqu'on se regarde dans une glace.

Puisque la couleur des murs s'harmonisant avec celle du sol, introduit quasiment la personne qui pénètre dans une pièce, ce sentiment d'accueil ne doit pas être détruit lorsque l'on arrive au plafond. La mode des plafonds peints ou tapissés est une excellente chose si l'impression donnée n'est pas la claustrophobie. A la lumière naturelle, le plafond blanc conserve toute sa grâce. A la lumière artificielle, on peut le laquer de sombre, si la pièce est très basse, car il jouera en quelque sorte un rôle de miroir agrandissant. Sa teinte claire, dans le cas d'une pièce haute, peut redescendre sur 30 cm en haut des murs.

Meubles et parois de mêmes tons

C'est un accord parfait pour un ameublement XVIIIe siècle. La tradition de cette époque voulait, en effet, que les lignes des sièges rappellent les lambris des murs et que la couleur de leur tissu soit le même que celle des tentures. Cet accord était généralement réalisé dans les tons froids : bleu pâle et blanc cassé par exemple, ou par des tapisseries.

Un petit fauteuil recouvert de rouge, posé sur un tapis également rouge, et quelques coussins seront parfaits pour renouer avec la tradition.

Le rouge établit ainsi un courant d'accents ascendants s'opposant à l'accent descendant du bleu des rideaux et des sièges. Pour réussir ce type d'assortiment de couleurs, éviter sa systématisation et poser des notes de couleurs.

Une seule couleur pour thème

L'utilisation d'une seule couleur dominante est une formule habile pour donner un rythme au volume, pour unifier une pièce de grande dimension.

La couleur choisie, sans pour autant être neutre, devra être suffisamment discrète pour ne pas lasser ou agresser.

Un ton abricot, par exemple, sera parfait sur un mur. Utiliser cette même couleur pour les fenêtres, les tentures, le canapé, certains fauteuils et meubles.

Les autres murs pourront être blanc cassé ou beige ; les gris, les bleus et certains verts seront de parfaits compléments à la couleur de base qui pourra aller du ton le plus clair au plus soutenu pour éviter toute monotonie.

Les couleurs opposées

Il s'agit ici de jouer avec les couleurs, de les traiter

en contrastes. Il faudra pour cela donner aux murs, au sol et au plafond de la pièce un ton neutre et uniforme (blanc cassé ou gris, par exemple). Deux ou trois couleurs seront ensuite utilisées pour le reste de l'aménagement en se retrouvant sur plusieurs meubles ou accessoires. On pourra ainsi avoir des sièges et une table noirs, un divan et une table jaunes, des rideaux et des sièges bruns.

Il faudra dans ce cas opposer habilement couleurs franches et zones neutres et ne pas hésiter à jouer avec le mat et le brillant. Ce type de combinaison de couleur est particulièrement recommandé pour un intérieur moderne et contemporain.

Une pièce ton sur ton

Cette solution raffinée et élégante est parfaite pour une pièce de petites dimensions ou pour obtenir une décoration particulièrement sobre et reposante.

On pourra choisir des tons allant du blanc cassé aux bruns soutenus, en passant par tous les tons de beige et d'or.

Pour réussir cette gamme sur un « ton donné » il faudra jouer l'harmonie jusqu'au bout, dans les moindres détails et ne pas rompre l'ensemble.

Une seule tache de couleur franche et différente est admise (pour une vitrine par exemple). Noter également qu'il est préférable de réserver les couleurs les plus foncées ou les plus hardies de la gamme aux petits éléments du décor.

Une pièce trop sombre

C'est souvent le cas d'une pièce exposée au Nord. Il

faudra alors pallier ce défaut en utilisant des matériaux et des couleurs bien adaptés, capables de créer artificiellement une impression d'intimité, de chaleur et de lumière.

Le blanc et toutes les teintes dorées n'ont pas forcément les vertus qu'on leur prête spontanément. Il ne faut pas se leurrer, ils ne font pas de miracles. Mieux vaut concevoir une décoration chaleureuse et intime où les objets font oublier l'obscurité de leur environnement par leur valeur, leur beauté et leurs couleurs.

Utiliser de la laine pour réchauffer la pièce (tapis de haute laine, par exemple), des peintures satinées et des tissus brillants pour donner une impression de lumière et de sérénité.

Conseils

Si l'on désire un appartement coloré, se contenter d'utiliser les couleurs vives et voyantes dans les plus petites pièces de l'intérieur (cuisine, salle de bains, hall d'entrée, par exemple).

Une pièce traitée dans des couleurs fortes sera moins longtemps propre et fraîche et ne tolérera aucun désordre sous peine de devenir lassante, voire invivable.

Une pièce trop haute pourra être rabaissée visuellement en peignant le plafond en couleur, alors que les murs resteront blancs. Si les portes sont simplement vernies ou cirées, les murs devront rester blancs ou pastel, alors qu'une paroi de couleur vive réclamera une porte de couleur neutre.

Un plafond et un sol colorés dans une même pièce entraînent des murs blancs ou particulièrement neutres.

Des murs recouverts de boiseries dans un intérieur de style seront bien adaptés si les moulures sont soulignées du même ton que les tentures.

Pour donner seulement quelques touches de couleur

à une pièce, peindre les murs en blanc, se contenter de la couleur pour les portes et les tentures.

Décorer un studio

Lorsque le logement est petit, le choix des couleurs est d'autant plus important, car il coordonne toute l'ambiance et détermine les proportions locales.

Il est bon de se rappeler que les couleurs claires agrandissent l'espace alors que les sombres les réduisent. Le blanc est indispensable pour harmoniser les teintes. Dans le cas du studio, le choix du blanc et d'une teinte neutre assez pastel pour les murs évite bien des erreurs, tout en permettant une plus grande fantaisie dans la décoration. La couleur est utilisée plus ou moins abondamment pour le mobilier, les tapis, le dessus de lit, les coussins, les rideaux et les objets.

Les tableaux, les tapisseries et les sous-verres égayent les murs et leurs taches de couleurs donnent de la vie et du charme à l'appartement.

En décoration, tous les objets décoratifs sont possibles, dans la mesure où ils sont bien réalisés et où ils ne sont pas agressifs ; il faut peut-être se méfier des tons trop vifs en grande quantité. Les camaïeux sont toujours séduisants, rehaussés çà et là de notes vives. Il est à considérer que les harmonies faites de tons chauds sont plus agréables à vivre, parce que plus reposantes.

La couleur fait chanter les choses, donne des vibrations indéfinissables ressenties quotidiennement, si elle est justement utilisée. Les grands motifs muraux, les décorations de plafond et de portes sont à étudier soigneusement pour qu'à la longue, leur originalité ne devienne pas pesante. Les portes du placard, peintes de couleur unie ou décorées, peuvent cependant changer toute l'ambiance et apporter beaucoup de fantaisie et de gaieté si elles s'incorporent harmonieusement à l'ensemble.

1

2

3

Quelques exemples

Comment jouer avec l'espace ?

1 Pour cette pièce très claire, *on utilisera : le bleu marine pour le sofa et les poufs ; un bleu (dégradé) pour le mur ; le vert bouteille pour la moquette ; le vert pour les plantes ; le blanc pour la table basse.*
Le vert et le bleu, leurs dégradés marine et bouteille doivent être les couleurs dominantes que l'on peut raviver de jaune, rouge et orange (pour les petits coussins par exemple).

2 Pour cette pièce peu éclairée, *on utilisera impérativement des tons chauds et lumineux, de même qu'une décoration végétale : le jaune-marron pour la moquette ; le vert pour le sofa et les fauteuils ; le blanc pour le meuble et l'abat-jour de la lampe ainsi que pour le meuble sur lequel est posée une pomme ; le jaune-orangé en dégradé pour les murs ; le vert pour la plante.*

3 Pour cette pièce normalement ensoleillée, *on favorisera l'opposition des tons pâles et foncés : le blanc pour les fauteuils et les tables basses ; le bleu foncé pour la moquette et les rideaux de côté ; le jaune-orangé pour le mur ; un jaune très pâle pour le rideau central ; la plante est verte.*

Pièce trop petite : *on repousse les murs en les colorant de motifs légers ; on réhausse le plafond en le peignant de couleur claire ; on évite le foncé pour le sol et l'on meuble peu la pièce.*

Pièce trop haute : *on diminue la hauteur des murs par des rayures horizontales décorées de grands motifs ; on fonce le plafond de la même couleur que le sol ; on dispose des meubles massifs.*

Pièce trop grande : ***on rapproche les murs en les chargeant de motifs à dominante foncée ; on peint le plafond d'une couleur vive et l'on encombre la pièce de grands meubles.***

Pièce trop basse : ***on fait disparaître le plafond sous les mêmes motifs que ceux des murs ; on fonce le sol sur lequel on ne place que des meuble bas et allongés.***

Harmonie froide.
Soutenu par le bleu foncé du canapé, la couleur turquoise du papier peint et du violet de la moquette, font une ambiance réussie d'une harmonie froide, laquelle est tempérée par les touches lumineuses des accessoires.

Harmonie chaude.
Obtenue par le marron glacé de la moquette, le havane du canapé et l'uni abricot du mur, cette harmonie chaude est égayée par le camaïeu de mêmes tons des rideaux. Le vert des plantes et le bleu des accessoires rafraîchissent ce qu'il faut pour créer cette chaude ambiance.

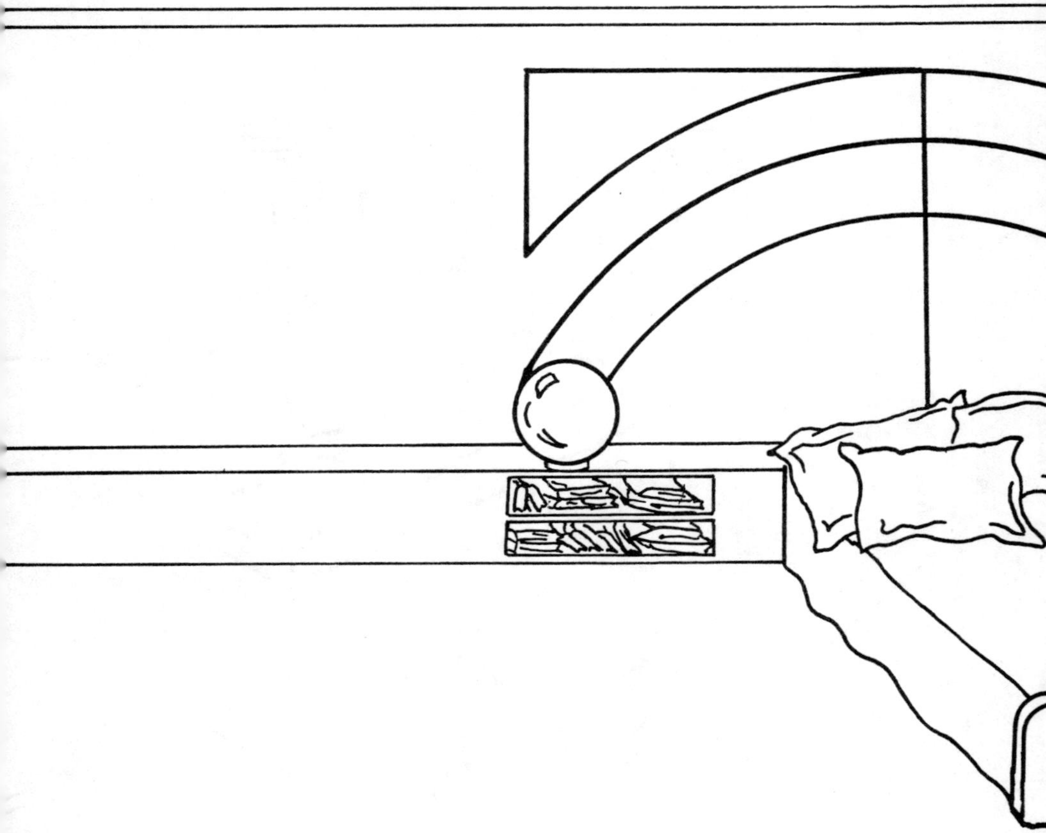

JAUNE+OCRE
Recouvrir de jaune les parties suivantes :
— le couvre-lit ;
— les tiroirs des placard et quelques accessoires sur les étagères ;
— l'intérieur de la table de chevet.

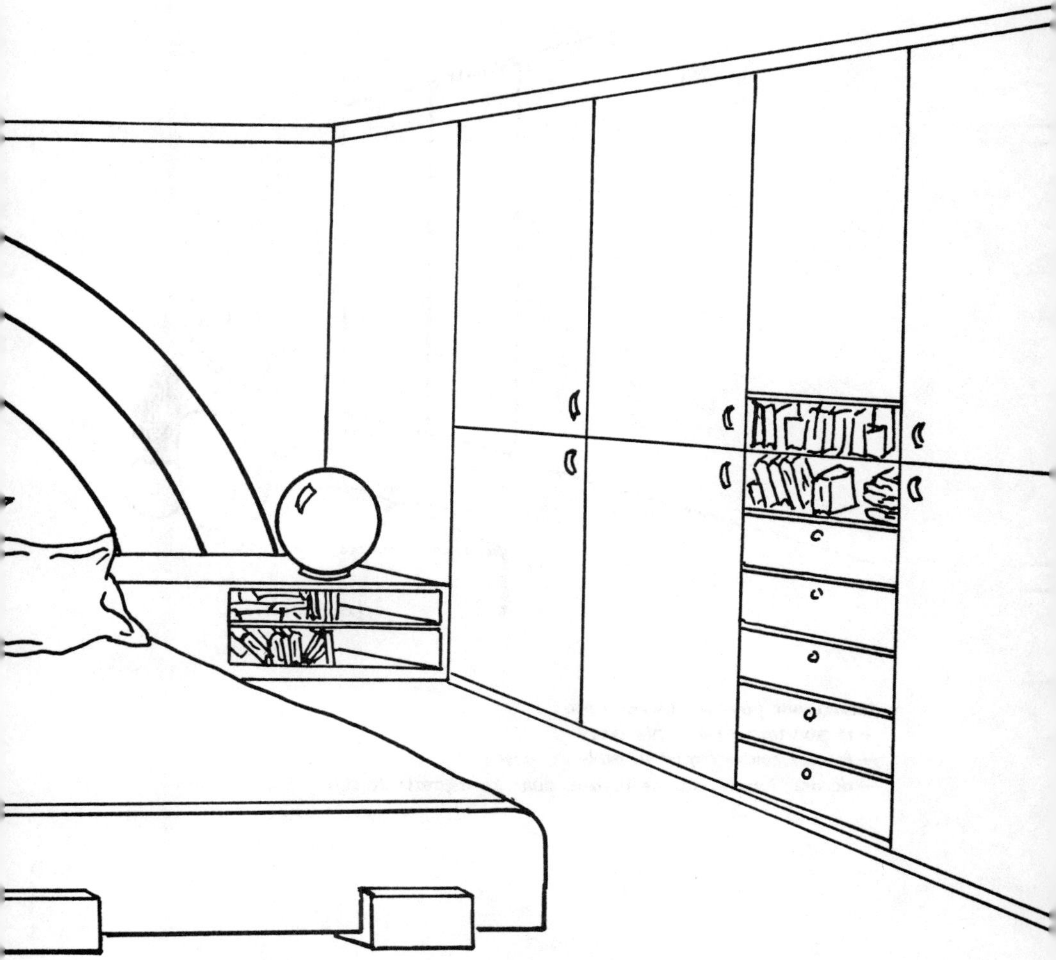

Recouvrir d'ocre les parties suivantes :
– les oreillers ;
– le dessus de la table de chevet ;
– les plinthes.

Indications pour la couleur verte :
– le pourtour de la table basse ;
– le mur contre lequel la table est mise ;
– décorer l'autre mur de rayures dans un dégradé de vert.

Ici, le bleu de la moquette et des gradins fait chanter le blanc des murs et des coussins des sièges.
L'harmonie est douce, agréable.

Exemple où la couleur est employée avec simplicité et discrétion. Le blanc et le marron donnent une ambiance intime et raffinée. Les accessoires sont les seules notes de couleurs différentes. Le mobilier est de ligne sobre et de couleur blanche ; les murs, la moquette et les rideaux sont dans des tons marrons dégradés.

Intérieur gai et jeune, grâce à l'emploi abondant mais bien étudié de la couleur (libre interprétation).

Sur les quelques mètres carrés, toutes les zones fonctionnelles et indispensables se trouvent rassemblées, reliées entre elles par une même harmonie de couleurs.

Les gradins servent à la fois de sièges et de meubles de rangement. Le lit, utilisé aussi comme divan, est inséré dans les gradins.

Des diagonales rouges et grises recouvrent lit et gradins. Les meubles et la porte sont rouges, ce qui adoucit l'harmonie de l'ensemble. Les touches de blanc sont indispensables.

La publicité et les couleurs

La couleur en publicité est un atout majeur que les spécialistes de cette branche doivent utiliser avec discernement. Les recommandations suivantes sont le plus souvent retenues dans cette profession.

La visibilité des couleurs est importante. Sur les surfaces peintes ou imprimées, le jaune peut être vu plus loin que les autres couleurs primaires, le rouge et le bleu.

Il convient donc d'utiliser le jaune de préférence pour des enveloppes qui doivent être vues de loin et attirer l'attention rapidement ; et de l'utiliser parcimonieusement pour les dépliants et les brochures qui sont lus de près. Le jaune a tendance à attirer le regard et à détourner l'attention du texte, à moins qu'il ne soit dilué avec du blanc ou cassé avec du gris. Une autre raison pour ne pas l'utiliser dans les brochures est que, employé pur, il ne contraste pas assez sur le blanc pour être lisible. Par contre, avec un noir, il est le champion de la visibilité et de la lisibilité.

Voici dans l'ordre les combinaisons qui donnent le plus de lisibilité :

1 - *noir sur jaune,*
2 - *noir sur orange,*
3 - *orange sur bleu marine,*
4 - *vert sur blanc,*
5 - *rouge écarlate sur blanc,*
6 - *noir sur blanc,*
7 - *bleu marine sur blanc,*
8 - *blanc sur bleu marine,*
9 - *orange sur noir,*
10 - *blanc sur noir,*
11 - *blanc sur vert bouteille,*
12 - *blanc sur rouge écarlate,*
13 - *blanc sur pourpre,*

14 - pourpre sur blanc,
15 - bleu marine sur jaune,
16 - bleu marine sur orange,
17 - jaune sur noir,
18 - rouge écarlate sur jaune,
19 - jaune sur bleu marine,
20 - pourpre sur jaune.

Le contraste des couleurs avec le milieu peut être mis à profit.

Les experts en publicité savent qu'ils n'ont pas intérêt à utiliser le vert en été quand ils envoient des messages en milieu rural.

L'œil est fatigué par le vert et il recherche une couleur de compensation, c'est pourquoi, à cette période de l'année, les brochures à dominante rouge donnent les meilleurs résultats. Par contre, utiliser le vert en hiver est recommandé. Les bouchers ont l'habitude d'utiliser cette propriété du contraste quand ils décorent leur étal de persil pour faire paraître la viande plus rouge et plus fraîche.

Le symbolisme des couleurs ne doit pas être oublié. Le bleu et le pourpre sont des couleurs « de droite ». Le rouge est une couleur « de gauche ». Le rouge est la couleur de l'interdiction, du danger (feux rouges, extincteurs peints en rouge). Le vert est la couleur de la permission (vous avez le feu vert, le drapeau vert sur les plages indique que la baignade est autorisée). Le jaune, quand il est couleur de l'or, est opulent, il est leader pendant le tour de France cycliste. Pendant longtemps, alors que les bolides italiens monopolisaient les victoires, le rouge était la couleur des voitures à prétentions sportives.

La température des couleurs doit être utilisée à bon escient. Le jaune, l'orange et le rouge, couleurs dites chaudes, sont stimulants. Le bleu, le vert et le violet, couleurs dites froides, sont calmants. Les couleurs chaudes se voient de plus loin, attirent plus l'œil que les couleurs froides. On utilisera donc ces dernières, de préférence, comme couleurs de fond pour présenter un produit de façon qu'il ressorte bien. Si on utilisait les premières, ce serait les couleurs qui ressortiraient et non le produit.

Il faut tenir compte de l'âge du lecteur pour choisir une couleur. Les jeunes acceptent beaucoup mieux les couleurs pures et éclatantes. Pour les personnes âgées, il est recommandé de les adoucir.

Dans des quartiers résidentiels, on a tendance à utiliser des teintes relativement douces, alors que dans les quartiers à forte occupation, on a tendance à utiliser des contrastes plus violents.

De la même façon, on remarquera des différences dans le goût des couleurs de région en région, de pays en pays.

Il semble que les couleurs aient un poids, et il faut en tenir compte dans la publicité. Le noir est lourd, le blanc est léger, au sens propre comme au sens figuré. L'athlète dans les foires peint ses poids en noir, ils paraissent plus lourds. Le financier dans la « city » s'habille en noir, cela suggère la stabilité autant que le poids.

Par contre, les couleurs claires évoquent la légèreté, ce sont elles qu'il convient d'employer pour des produits dont la légèreté est un atout.

La science des couleurs n'est pas encore et ne sera peut-être jamais une science exacte. Les recommandations qui sont faites dans le cadre de la publicité n'ont donc rien d'absolu. Le lecteur curieux s'amusera à tenter de décortiquer les affiches publicitaires afin de comprendre le message au-delà de la simple vision.

Décoration d'un magasin

Ce chapitre concerne la publicité car la décoration

d'un magasin est en quelque sorte de la publicité et aide à la vente.

Le choix des couleurs dans un magasin doit concilier les règles de l'harmonie avec le sens psychologique de la couleur. On pourrait dire que dans le commerce, il y a deux sortes de couleurs, celles qui attirent et celles qui plaisent, et la difficulté est de mêler ces deux qualités. Un beau coloris ne sera pas celui qui se compose de couleurs vives et heureuses seulement, et bien souvent il sera composé de teintes douces et reposantes ; car il s'adresse aussi bien à la vue mais aussi à l'esprit.

Il faudra savoir varier les coloris selon les buts à obtenir. La droguerie n'aura pas la même peinture que le magasin de fleurs.

Le beau coloris en peinture murale des magasins sera celui qui correspond à la forme et aux proportions du local ainsi qu'à la nature des marchandises présentées.

Le coloris d'un local peut être fait de telle sorte qu'il conduise à de véritables « trompe-l'œil », permettant de mener de réelles corrections visuelles.

Réduire ou agrandir grâce aux couleurs

Les couleurs fortes et les tons chauds rapprochent les surfaces.

Les couleurs claires, les tons froids, les matières brillantes donnent au contraire un sentiment d'espace.

Ces principes simples permettent d'obtenir certains effets particuliers.

<u>Quelques indications pour agrandir :</u>

— dans une pièce couloir, on élargira visuellement la pièce :

- un plafond et un sol foncés associés à des murs clairs,
- le mur du fond est peint en sombre, il paraîtra se

rapprocher par rapport aux autres murs de couleur claire.

— si un plafond est trop bas :

• on corrigera cette impression en le rendant brillant.

— si un mur est trop proche :

• un agrandissement photographique, dont la perspective donnera l'impression d'espace, à condition qu'il soit collé en plein, sur toute la hauteur du mur, et sans cadre.

Quelques indications pour réduire :

— si la pièce est trop grande :

• la couleur servira à la diviser en différentes zones ; la salle de séjour peut être traitée simplement suivant les zones respectives, avec des couleurs appropriées : dynamiques pour le coin repas, soutenues pour le coin travail, apaisantes pour le coin repos.

— si un mur est trop long :

• on peut briser sa surface par des zones de couleurs différentes ; de même, une décoration abstraite cassera les surfaces sur lesquelles elle est appliquée, et apportera la fantaisie et le rêve qui transformeront la pièce.

On emploiera des tons chauds pour produire dans un magasin une ambiance gaie, et l'emploi de tons froids pour accentuer l'impression d'espaces larges et tendus.

La décoration d'un magasin est faite plus pour ne pas être vue que pour être vue. L'impression colorée que reçoit le client doit le mettre dans un état d'euphorie et de gaieté, qui l'incite à acheter. Mais seule la marchandise doit frapper l'œil et l'imagination.

Pour cela, il faudra faire appel à des tons pastel, à des couleurs claires et à des teintes peu marquées. Les couleurs claires présentent le grand avantage de réfléchir une beaucoup plus grande quantité de lumière.

Rendu des couleurs et métamérisme

Le métamérisme est le fait de deux couleurs qui paraissent semblables dans une certaine lumière mais qui n'ont pas les mêmes répartitions spectrales de facteur de réflexion, ce qui veut dire que dans une autre lumière elles ne seront plus les mêmes.

Il convient de bien choisir le type d'éclairage qui permet de ne pas apporter de différence entre la couleur en magasin et celle à la lumière du jour.

Les couleurs et la santé

Dans le premier chapitre, nous avons donné des exemples précis concernant l'effet physiologique des couleurs. Du seul fait qu'elles impressionnent le sens de la vue, la couleur exerce une influence sur notre état d'âme et sur notre forme. Les troubles de santé et les maladies proviennent d'un déséquilibre dont la cause réside dans une mauvaise hygiène ou des accidents : mauvaise alimentation, manque d'exercices, angoisse, blessures...

Les couleurs associées à d'autres thérapeuthiques contribuent à stimuler notre énergie vitale et à nous permettre ainsi de nous soigner. L'art de soigner par les couleurs se nomme « chromothérapie ».

Principes généraux

Comme l'ensemble des médecines naturelles, la chromothérapie ne cherche pas à soigner les symptômes, mais à améliorer l'état général et les besoins particuliers de chacun, en contribuant à une meilleure circulation de l'énergie.

— Certaines couleurs excitent le corps, d'autres le calment.

— Certaines couleurs rapetissent l'espace : le rouge, l'orange, le jaune (une pièce peinte dans ces couleurs paraît plus petite). D'autres couleurs agrandissent : le bleu, le vert, le violet.

— Le bleu favorise l'extériorisation tandis que le rouge stimule l'intériorisation.

— Certaines couleurs sont chaudes : elles élèvent la température de l'espace ; le rouge, l'orange, le jaune-orangé. D'autres couleurs sont froides, elles abaissent la température : le bleu et le vert principalement.

— Les couleurs exercent leur influence de différentes façons : exposition aux rayons solaires filtrés, exposition du corps devant des lampes teintes, absorption d'eau contenue dans des bouteilles teintées, utilisation des pierres précieuses. (Pour ce dernier point, voir dernier chapitre).

Propriétés curatives du rouge

Les éléments donnés par le symbolisme du rouge nous procurent la clef de ses propriétés : feu et sang. Il correspond à l'élément feu des médecines traditionnelles de la Chine et de l'Inde. Il est le stimulant universel du « feu interne », la chaleur indispensable à toute vie. Le rouge combat le froid et stimule, par conséquent, la circulation du sang et les nerfs.

Une ambiance dominée par le rouge est à conseiller dans les cas suivants : frissons, refroidissements, bronchites, anémies, rhumatismes (aggravés par le froid), neurasthénie.

Propriétés curatives de l'orange

L'orange est également une couleur tonifiante. Si elle est formée de 3/4 de rouge et d'1/4 de vert, elle adoucit l'effet du rouge et peut être utilisée plus souvent que celui-ci.

L'orange stimule le système respiratoire et la faculté de fixer le calcium. Selon la tradition indienne tantrique, l'orange stimule les fonctions sexuelles et apporte l'optimisme. Son action antispamodique est connue.

Cette couleur est à utiliser en cas de crampes, douleurs dues aux tensions nerveuses. Une ambiance orange stimule donc l'optimisme et fortifie le corps d'énergie subtile.

Ses effets physiques sont favorables dans les cas suivants : difficultés respiratoires, asthme, rhumes chroniques, troubles de reins et calculs, arrêt des règles.

Propriétés curatives du jaune

Or et soleil sont les associations symboliques du jaune. L'énergie, le tonus des muscles, le système nerveux central ont besoin de cette couleur. Selon la médecine traditionnelle indienne, le jaune stimule le cerveau et les nerfs.

L'ambiance à dominante jaune est favorable dans les cas suivants : foie fatigué, constipation, eczéma, rhumatismes musculaires, indigestions chroniques, migraines.

Propriétés curatives du vert

« Sang végétal », c'est-à-dire chlorophylle, le vert est associé à l'un des éléments les plus importants de notre monde. Le vert est une couleur calmante et rafraîchissante. Complémentaire du rouge, elle réduit la tension sanguine et purifie le sang. Les traités médicaux de l'Inde attribuent à cette couleur le pouvoir d'harmoniser les troubles entre les différents corps subtils de l'homme.

Ses effets physiologiques sont favorables dans les cas suivants : insomnies, douleurs dorsales, hypertension, hémorroïdes.

Propriétés curatives du bleu

Associé à l'air, le bleu favorise l'oxygène. Les textes de l'Inde disent qu'il réduit la chaleur en excès dans le corps. C'est en effet une couleur froide. Il calme et rafraîchit le système nerveux. Il agit de manière positive sur tout ce qui concerne l'assimilation.

Il agit favorablement pour résorber la migraine, les vomissements, la toux nerveuse, les troubles de la gorge (angines, laryngites, pharyngites) ; les inflammations des yeux, les maux de dents, les règles douloureuses, l'épilepsie, les spasmes de l'estomac, les ulcères et l'insomnie.

Propriétés curatives du violet

Le violet exerce une action calmante sur le cœur. Il favorise l'élimination des toxines et stimule la fabrication des leucocytes (cellules de défense). Une couleur violette aide le corps à générer ses propres moyens de défense contre les microbes. En outre, elle est favorable à la guérison des troubles de la rate, des indigestions et des irritations au niveau des muqueuses.

Les influences des couleurs sur les émotions

Le rouge stimule l'esprit, à court terme, mais le fatigue si on l'utilise trop longtemps. Une ambiance rouge favorise l'effort intellectuel ou physique à accomplir dans un temps limité.

L'orange procure une sensation de bien-être. Un état dépressif, dans une ambiance orangée, tend à diminuer. L'orange, en effet, favorise l'optimisme et la bonne relation corps-esprit.

Le jaune stimule l'intellect.

Le vert calme la nervosité, « régénère » physiquement et mentalement.

Le bleu favorise la méditation et l'intuition. Il « ouvre » le mental et le rend réceptif à la compréhension.

Le violet calme l'irritation et l'angoisse.

Comment utiliser les propriétés curatives des couleurs dans la vie quotidienne ?

Les couleurs peuvent être utilisées par chacun d'entre nous, à la maison, en complément du traitement donné par le médecin, ou alors tout simplement à titre préventif.

La couleur et le vêtement

Il convient de prendre ses distances avec les modes, et de porter non pas les couleurs qui accentuent notre personnalité, mais plutôt celles qui peuvent l'améliorer. Ainsi, par exemple, les couleurs criardes, portées par les personnes extraverties, devraient être la parure des mélancoliques et des lymphatiques, pour harmoniser leur tempérament.

L'été, la mode propose souvent des couleurs vives et chaudes (rouge, orange, jaune) ; c'est plutôt l'hiver que ces couleurs devraient être portées.

L'utilisation des vêtements, comme moyens d'améliorer sa santé physique et mentale, est un facteur important d'équilibre. Les communautés religieuses d'Orient et d'Occident se mettent en condition par le port de vêtements colorés unis. Les Bouddhistes affectionnent l'orange, tandis que les Chrétiens affectionnent le blanc (symbole de pureté) ou le noir (symbole d'austérité). Le vêtement rouge stimule la combativité, le jaune fortifie les nerfs et le cerveau, le vert ou le gris favorisent l'équilibre mental, le bleu et le violet avantagent la réceptivité.

Il est conseillé de changer souvent de couleurs, car l'utilisation exagérée d'une couleur unique est dangereuse.

L'alimentation

Dans toutes les médecines, la diététique est considérée comme l'un des plus importants éléments utiles pour maintenir la santé. Les Chinois proposent la théorie dite des cinq éléments : bois, feu, terre, métal, eau qui composent les corps vivants.

Selon cette théorie, cinq organes sont considérés comme les plus importants pour la régulation des fonctions organiques : le cœur, le foie, la rate, les reins, les poumons. Chacun de ces organes est en relation avec une couleur : rouge, bleu ou vert, noir, blanc, jaune. Les aliments ainsi colorés sont bons pour les organes correspondants.

Cette théorie a l'avantage d'encourager la variété dans les aliments. De surcroît, elle est justifiée par nos connaissances les plus récentes, notamment dans le domaine des vitamines.

Couleur	Organe	Aliments correspondants
Rouge	Cœur	***Tomates, poivrons rouges, viande rouge, carottes.***
Bleu ou vert	Foie	***Haricots verts, salades, épinards...***
Noir	Reins	***Sésame noir, caviar noir, œufs de lumps.***
Blanc	Poumons	***Radis, navets, choux blancs.***
Jaune	Rate	***Fruits, melons, œufs.***

La santé par la lumière solaire

La lumière solaire est notre première source de vie. L'héliothérapie (cure par le bain de soleil) est connue et pratiquée depuis les temps les plus reculés. La lumière solaire contient, on l'a vu au chapitre 1, toutes les couleurs. Elles se différencient grâce au prisme. Le bain de soleil stimule toutes les fonctions du corps, régénère la peau, favorise la digestion, la circulation sanguine et l'élimination par les pores de la peau. Il favorise même les moyens naturels de défense contre les bactéries, ainsi que la cicatrisation.

Tout cela est positif, à condition de ne pas en abuser. En effet, une trop longue exposition au soleil annule tous ces bienfaits, et risque même d'apporter, au contraire, de nombreux inconvénients. Tout est dans le savoir doser, et il ne faut pas oublier que « chauffer » favorise la vie, mais que « brûler » fait mourir.

Comment sait-on que l'on n'abuse pas ? Pour cela, il suffit de suivre une règle très simple : ne pas chercher à bronzer.

Il est sain de se lever avant le lever du soleil, et, après s'être douché et avoir évacué ses déchets, s'allonger complètement nu, et s'exposer au soleil levant quelques minutes, pas plus. Après deux ou trois semaines, on peut s'exposer dans les mêmes conditions environ dix minutes. La peau se couvrira d'un léger halo brun.

La méthode des bouteilles teintées

Remplissez d'eau de source peu minéralisée des bouteilles teintées dans le verre, ou bien des bouteilles que vous peindrez avec une peinture translucide. Exposez ces bouteilles à la lumière solaire pendant six heures. L'eau ainsi exposée sera « chargée ». Elle ne prendra pas la couleur de la bouteille, mais elle se chargera de vibrations correspondantes au filtre. Buvez lentement cette eau de préférence à jeun, et avant les repas. Vous choisirez la couleur en vous référant, plus haut, aux propriétés curatives dont vous avez besoin.

La visualisation des couleurs

Détendez-vous, soit en position assise, soit en position allongée, et fermez les yeux. Imaginez la couleur choisie et concentrez-vous sur cette visualisation intérieure. Respirez profondément, et imaginez, lorsque vous inspirez, que vous faites entrer la couleur en vous. Retenez votre respiration une à deux secondes, et expirez doucement.

Cet exercice ne doit pas dépasser deux à trois minutes.

Le filtre posé sur une lampe

Vous pouvez très simplement créer une ambiance colorée en plaçant une lampe derrière un filtre de couleur, soit une plaque de verre, soit une feuille de papier.

La décoration de votre milieu de vie

Les couleurs choisies pour votre milieu de vie, appartement ou lieu de travail, exercent une influence permanente. C'est pour cela qu'il convient de les disposer avec soin. Nous approfondissons la question au cours du chapitre suivant auquel nous vous invitons à vous reporter.

Bilan de santé par l'observation des couleurs

A partir de la correspondance enseignée dans la médecine traditionnelle chinoise entre les cinq organes principaux, les cinq éléments et les cinq couleurs correspondantes, vous êtes à même, en vous surveillant, ou en observant une autre personne, de faire un bilan de santé.

La teinte de votre peau correspond à vos problèmes de santé :

— Un teint verdâtre signale une congestion de l'énergie et du sang, causée par des refroidissements ou des douleurs. Si le teint est vraiment vert, le foie est gravement atteint.

— Le teint rouge signale la fièvre. Si le visage est rouge vif, il y a blocage de l'énergie positive. Si cette couleur se manifeste sur le visage, et que les pieds et les mains sont froids, il y a déficience du cœur.

— Un teint anormalement jaune signale une mauvaise assimilation, peut-être un empoisonnement et/ou une présence excessive d'humidité dans le corps.

— Le teint blanc, accompagné de maigreur, signale l'anémie. Si la blancheur du teint est accompagnée de gonflements de la peau, il y a un vide d'énergie. Le teint blanc peut signifier aussi une maladie des poumons ou un excès de froid.

— Le teint noir ou très sombre est un signe de grande fatigue, et aussi, généralement, un trouble au niveau des reins.

La couleur des yeux aide au diagnostic

— yeux rouges : ***blocage d'énergie, chaleur, troubles du foie et du cœur,***
— yeux jaunes : ***troubles de la rate,***
— yeux bleuâtres : ***troubles des poumons,***
— yeux noirs : ***troubles des reins,***
— yeux oranges : ***troubles de la poitrine,***
— yeux verts : ***troubles du foie.***

Couleur de la langue

La langue examinée à la lumière du jour donne les indications suivantes :
— blanche : ***refroidissement,***
— jaunâtre : ***troubles d'origine alimentaire ou émotionnelle,***
— grise, noire : ***fatigue excessive,***

— rouge sombre : ***hypertension,***
— violette : ***excès de froid (peut aussi être l'effet de l'alcoolisme).***

Les couleurs et la médecine des « sourciers » et « alchimistes »

L'organisation mondiale de la santé ne méprise pas, loin s'en faut, les méthodes des guérisseurs et des sorciers (ou sourciers). Si ces méthodes paraissent nettement insuffisantes par rapport à la médecine scientifique, elles les complètent et les éclairent. Les alchimistes et astrologues du Moyen Age fondaient leur médecine sur les correspondances analogiques entre les planètes, les couleurs et les plantes.

Voici un tableau récapitulatif de ces correspondances :

Planètes	Couleurs	Plantes
Soleil	jaune-or	citron, tournesol.
Mars	rouge	ail, menthe, poivrons rouges.
Saturne	noir, marron	pavot, bruyère, fougères, aiguilles de pins.
Jupiter	violet, bleu clair	eucalyptus, marjolaine, giroflée.
Lune	blanc, argent	nénuphar, iris, santal, camphre.
Mercure	violet-noir ou vert-gris	acacia, muguet, verveine, chèvrefeuille.
Vénus	vert-jaune, rosé	violette, rose, lys, lilas, oranger, jacinthe, cyclamen.

Ce tableau prend en compte les sept planètes selon le système symbolique traditionnel. Le fait qu'il n'y ait que sept planètes ne signifie pas que les connaissances des Anciens aient été limitées ; ces sept planètes sont tout simplement celles que, de tout temps, on a pu distinguer à l'œil nu.

La méthode taoïste des couleurs dans le noir

Lorsque vous êtes couché, et que la lumière est éteinte depuis au moins une minute, observez les taches lumineuses qui défilent devant vos yeux. Voici l'interprétation qu'en donnent les praticiens chinois taoïstes.

Ce que cela signifie si vous voyez :

— une suite de taches jaunes : risque de maladie infectieuse.

— une suite de taches rouges : nervosité et activité intense.

— une suite de taches mauves : risque de maladie grave.

— une suite de taches vertes : harmonie et stabilité nerveuse.

Les couleurs en mouvement

Nous avons décrit plus haut les couleurs isolément et de manière statique : elles occupent l'espace, elles dominent l'ambiance, et leurs vertus se font valoir par la stabilité et la constance d'une présence. Mais la vie est mouvement. Celui-ci, bien sûr, ne vaut que par le repos qu'il implique, de même que la musique manifeste une manière d'ordonnancer le silence.

Aussi une couleur unique et statique produit un effet, de même qu'un son continu produit, lui aussi, un effet.

Mais cela ne suffit pas et ne rend pas compte de toutes les possibilités. Les couleurs assemblées contraignent le regard à se déplacer et transmettent au cerveau une série d'impressions. Cette série produit un effet différent que si elle était isolée. Le rythme, la rapidité, la forme, les relations, donnent à l'ensemble une qualité nouvelle.

Grâce à la disposition des couleurs dans une forme suggérant un mouvement, vous pouvez vous mettre en excellente condition physique et mentale, augmenter votre bien-être et votre sens de la perception.

Le mandala

En Orient, le mandala est un dessin abstrait coloré, construit de manière à ce que le regard aille de la périphérie vers le centre, puis du centre vers la périphérie. Les formes jouent sur les cercles et les carrés. Le mandala est un support de méditation qui permet de faire le vide en soi-même, puis de remplir ce vide d'impressions propres à régénérer l'énergie.

Exemple de mandala

Il existe des possibilités à l'infini pour disposer les formes et les couleurs.

Nous vous proposons de trouver le vôtre, même s'il vous faut tâtonner ; le vôtre, c'est celui qui exprimera votre relation au monde et qui vous aidera à maintenir en bonnes conditions vos récepteurs d'énergie.

Tenez compte, outre ce qui précède sur les propriétés curatives des couleurs et leur symbolisme, de ce qui suit : si de la périphérie au centre, vous coloriez en partant de l'obscur vers la clarté, cela vous aidera à vous « centrer ». Vous serez stimulé et les vertus de la couleur placée au centre seront multipliées.

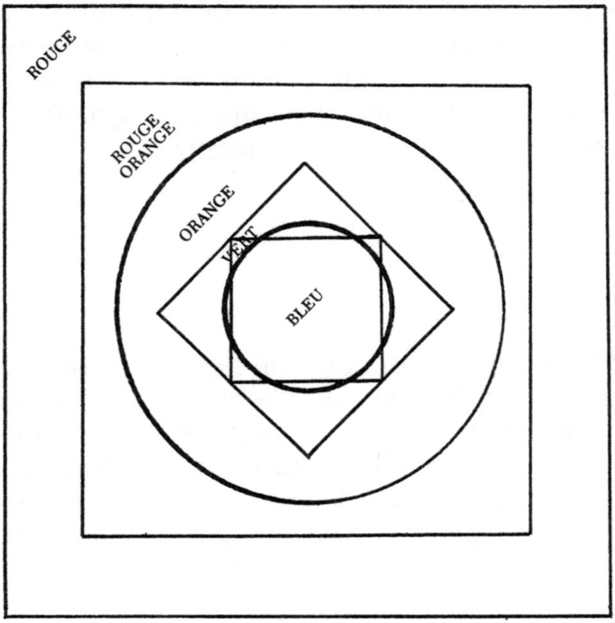

Les couleurs et l'Aura

Tout ce qui vit baigne dans un champ magnétique. Celui de l'homme a été nommé l'aura.

Ce mot doit être prononcé aoura, de manière à mettre en évidence sa relation avec AOR qui, en hébreu, en chaldéen, en arabe et en d'autres langues de l'Orient, désigne la lumière. Cette racine a donné en latin et en grec l'Aurea qui signifie haise, vent léger. Les Aurea étaient des divinités de nature aérienne, semblables aux sylphes des légendes. L'évolution latine du mot aura est révélatrice : vent doux, souffle, air, ciel, âme, vie, éclat, reflet. Virgile écrit : « vitales auras carpere », (recueillir les haleines vitales), autrement dit : respirer, vivre. Il écrit également : « auri per ramos aura refulat », « L'éclat de l'or brilla au milieu des rameaux ».

Ainsi, depuis la racine orientale qui désigne la lumière, les langues européennes ont développé les nombreuses connotations autour des idées d'invisibilité, de subtilité et de vitalité.

L'aura est connue des alchimistes, elle représente de l'Émanation subtile.

En 1846, Littré la définit ainsi dans son dictionnaire : « Sensation d'une sorte de vapeur qui semble d'épilepsie et d'hystérie ».

Le champ magnétique de l'aura est composé de nombreuses lignes de force. Il croît et il décroît. Il émet des ondes et en reçoit. Comme tout ce qui existe, l'aura est vibration. Comme toute chose, elle a une substance, un volume, une forme, une couleur. Sa substance est de nature de la lumière, c'est-à-dire à la fois corpusculaire et ondulatoire. Son volume est variable : un être ordinaire, moyen, ni bon ni mauvais, émet une aura d'une dizaine à une quinzaine de centimètres. Un être bon, spirituel, positif, « rayonnant » triple cette distance. Néanmoins, l'être humain est cyclique. Il a ses « humeurs », ses moments privilégiés, ses « passages à vide », ses pulsions tantôt positives, tantôt négatives. Ainsi, le volume et la couleur de l'aura ne sont pas constants. Le « rayonnement » de chacun varie à chaque instant. L'aura se déploie harmonieusement dans une ambiance favorable. En cas de contrariété, de choc émotionnel, de maladie, elle se rétracte. Elle illustre l'état physique et mental. L'aura d'une personne égoïste, hai-

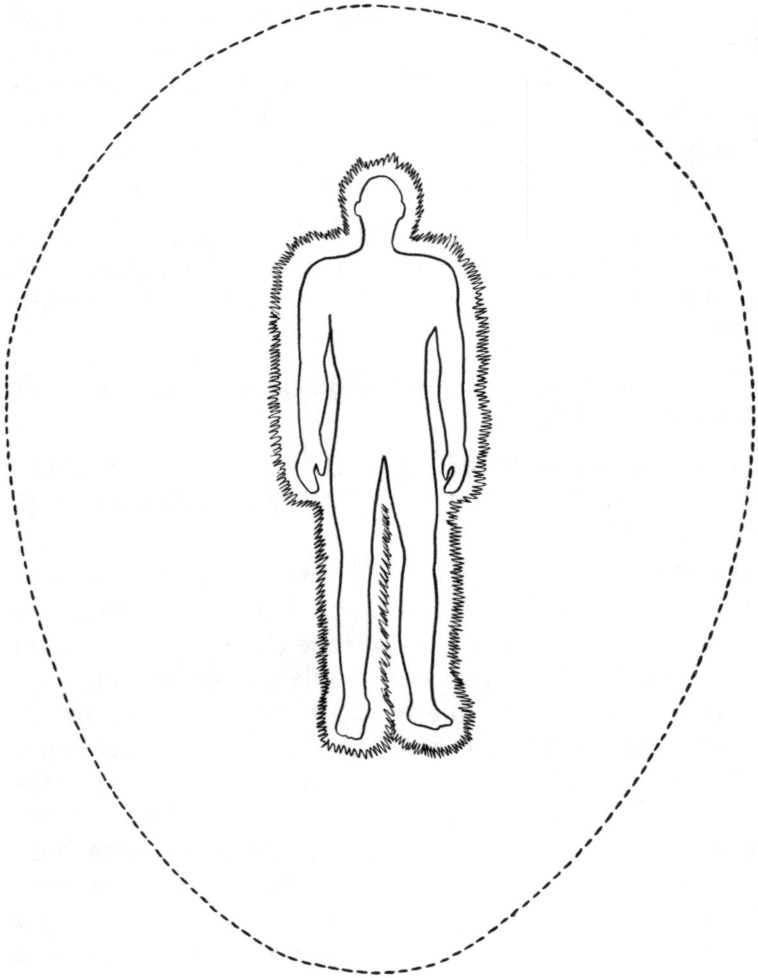

neuse et cupide est très étroite, ses contours sont durs et ses couleurs, sombres et discordantes. Par contre, l'aura d'une personne altruiste, généreuse, pacifique, ayant des pensées élevées, est très large et de couleur claire. Les doigts des guérisseurs émettent des rayons vigoureux. Il en va de même de la tête, pour les hommes de pensée.

Le mystique développe autour des tempes une aura éclatante et large. C'est « l'auréole » que les peintres chrétiens ont dessiné au-dessus de la tête des Saints. La forme de l'aura est ovoïde. L'œuf représente un schéma universel comme le champ magnétique terrestre, cet ovoïde est polarisé. Il a un zénith et un nadir, un pôle positif : la tête, et un pôle négatif : les pieds.

Entre les pôles circule le courant vital. L'aura procède de la polarité magnétique de notre corps. Cette polarité est un facteur essentiel de notre équilibre et de notre bien-être.

L'aura vibre ; elle est traversée de courants de lumière. Elle est en perpétuel mouvement. Elle rayonne et elle tourbillonne.

On a parlé à propos de nébuleuse humaine, ramassée sur elle-même, de forme elliptique. Celle-ci est suggérée dans la sculpture médiévale sous les noms d'amande, de mandorle ou de gloire. Le portail de la cathédrale de Chartres et celui de l'Église Saint-Sernin à Toulouse présentent le Christ siégeant au centre de l'ovale mystique.

L'aura est invisible pour la majorité des gens. Elle est discernée par les personnes sensitives, les médiums, les voyants, les initiés... et par certains animaux. D'une façon générale, l'aura est terne ou brillante, étroite ou large, perturbée ou calme, malsaine ou saine, maculée ou pure, multicolore ou unicolore, antipathique ou sympathique.

Elle est donc en relation avec ce que nous nommons le « charme ». En effet, reflet de la personne psychique, l'aura est la cause des sentiments d'attirance ou de répulsion que nous éprouvons les uns à l'égard des autres. Quand on s'approche d'une personne dont les vibrations sont supérieures, on éprouve soit de l'aversion, soit de l'admiration, selon l'intensité et la nature de ses propres vibrations. Les sentiments que nous éprouvons sont le produit des inter-réactions des diverses auras. Une aura de groupe, l'Egrégore, surgit chez des personnes qui sont en union de pensée et qui s'aiment. Cette aura de groupe dynamise chacun. Par contre, cette aura dynamisante devient mauvaise si, à l'intérieur d'un groupe, une personne est dépressive ou mal intentionnée et si ses vibrations ne sont pas compensées par celles des autres.

Une personne bénéfique peut « rayonner » sur une personne maléfique et négative, à condition d'être plus « forte », c'est-à-dire de vibrer plus intensément. Sinon, c'est la personne négative qui transmettra son « mal » et détériorera la personne positive. Plus que la substance, le volume et la forme, c'est la couleur qui apparaît comme l'élément le plus caractéristique de l'aura.

Toutes les teintes sont présentes à divers degrés dans le champ vital, mais ce sont la pensée et le sentiment dominants qui font qu'une teinte prédomine. Une pensée privilégiée colore l'aura et les émotions passagères interfèrent. Ainsi, par exemple, voyons ce qui se passe entre une personne positive généreuse, d'un niveau de conscience élevé, et une personne négative, égoïste, mesquine, hargneuse et de courte vue. Le rayonnement vert clair de la personne positive pourra être exaspéré par la mauvaise foi et l'agressivité de la personne négative, dont l'aura tire vers le rouge foncé. L'exaspération sera le signe d'une régression de la personne positive et son aura passera également au rouge foncé. Le vert ne reviendra que lorsque la personne positive aura retrouvé son calme.

Le marron et le gris sont associés aux mauvaises pensées. Des malaises peuvent modifier l'aura, susceptible, elle aussi, de modifier l'état physique.

Le corporel et le mental interfèrent continuellement et il est difficile de discerner ce qui revient à l'un et à l'autre.

Au niveau des valeurs et des teintes, on peut se référer aux correspondances suivantes :

Terne, gris,	=	*faiblesse, fatigue,* (manque de vitalité)
Éclat, coloration	=	*force, épanouissement,* (vitalité)

D'autre part, des compositions colorées correspondent à des « personnalités », c'est-à-dire à des ensembles de goûts, de tendances, de qualités. Les personnalités varient selon les circonstances et évoluent.

Et voici les principales interprétations données sur les auras :

vert franc	=	amour
rose, bleu	=	désir d'harmonie et de paix
blanc	=	force, vitalité
jaune, orange	=	travail, dynamisme
bleu, violet	=	intellectuel
violet, bleu, orange, pourpre, or	=	spiritualité
gris	=	dépression
marron, noir	=	haine, égoïsme, tristesse
rouge sombre	=	matérialisme, colère, sensualité

Chaque personnalité génère des ondes colorées. Or, êtres de lumière, nous portons en nous toutes les couleurs. De même nous portons en nous tous les états de l'Être. Nous sommes, nécessairement, aussi, tous négatifs et positifs. Seulement, nos tendances et nos efforts nous permettent de « privilégier » certains états et certaines couleurs.

De toutes les façons, un être humain en bonne santé, gai et dont la tête est remplie de bonnes pensées, brille de tous ses feux.

L'aura dans la médecine

Bien que la médecine orthodoxe ne reconnaisse pas l'existence de l'aura, un certain nombre de médecins ont cependant exploré cet aspect de l'être humain. L'un des premiers à le faire fut le Dr Walter Kilner, chef du service d'électrothérapie à l'hôpital Saint-Thomas de Londres. Il connaissait les textes théosophiques traitant de l'aura et du double éthérique. En 1908, il commença à employer des écrans de dicyamine pour rendre l'aura visible. Le filtre utilisé avait la vertu de rendre l'œil humain sensible à des vibrations normalement imperceptibles. Par ce moyen, Kilner put observer l'aura de ses patients. En 1911, il publia ses découvertes dans un ouvrage intitulé *l'Atmosphère humaine.* Il y déclarait que l'aura avait des composantes interne et externe qui se modifiaient en cas de maladie. Rien n'indiquait qu'il pût voir les chakras ; peut-être, à travers son filtre, ne discernait-il que l'aspect le plus grossier de l'aura. A l'évidence, les phénomènes observés étaient de nature physique, et n'avaient rien d'occulte. Récemment, le Dr John Pierrakos, directeur de l'Institut d'analyse bioénergétique à New York, a pu observer directement les auras, sans l'aide d'écrans. Ses observations sont très proches de celles de Kilner, et lui aussi a entrepris de les intégrer à ses diagnostics. Un autre médecin en vue, le Dr Shafica Karagulla, travaille avec des personnes clairvoyantes qui peuvent discerner les champs auriques et les chakras. Il apparaît, au vu de leurs descriptions, que les altérations affectant les chakras et les corps subtils sont en relation directe avec les maladies notées dans le dossier médical des patients. Dans bien des cas, les voyants détectent dans l'écran les évolutions pathologiques avant leurs manifestations physiologiques.

Il est possible de voir les « auras »

Certains individus sont capables de distinguer les « auras » dans les conditions habituelles de luminosité, mais ils sont une minorité. Néanmoins, il est possible de lire les « auras », et nous décrivons ci-après les conditions le permettant :

— il faut en premier lieu s'isoler dans une pièce sombre,
— on place la personne dont on veut percevoir l'« aura », à quelques mètres devant, sur fond clair (mur par exemple),

— on fixe alors le regard dans la direction de la personne au niveau de la base du cou, et on regarde en se détendant le plus complètement possible, un peu comme si l'on fixait le vague,

— c'est ainsi qu'apparaît autour de la personne un halo de lumière. Il n'est pas évident de percevoir tout de suite des couleurs, et au début on ne distingue généralement qu'une brume légère,

— il conviendra alors de répéter l'expérience avec toutefois une fréquence mesurée.

Les couleurs et les Chakras

La connaissance des Chakras nous vient de l'Inde. Le chakra est un centre d'énergie situé à un endroit déterminé du corps. En cet endroit se condense l'énergie. Travailler sur ses centres énergiques permet de mieux se connaître et de se développer harmonieusement.

Ils sont au nombre de sept. Le Yoga est l'art d'agir sur les chakras par la pensée, la parole et l'action. Par la pensée, on peut se concentrer sur la couleur particulière à chaque chakra de manière à créer un état vibratoire identique à celle-ci. Par la parole, on peut prononcer des formules, des « mantras ». Par l'action, on prend des postures et on respire d'une certaine manière.

LES 7 CHAKRAS

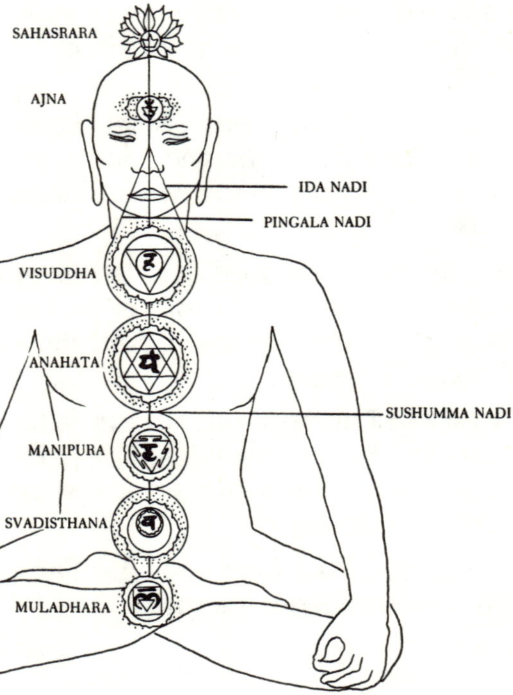

Au niveau de notre étude, nous demeurons dans le domaine de la pensée et de l'action. Le lecteur qui souhaite en savoir plus sur les chakras et l'art de s'en servir consultera avec profit l'ABC du yoga.

Le « Kundalini » désigne l'énergie de la vie qui, tel un « serpent », se lève autour de chacun des chakras et les relie.

Tableau des Chakras

Chakra	Localisation	Couleur	Signification
(1) Muladhara	*Entre l'anus et les parties génitales*	Rouge	*Énergie vitale*
(2) Svadhis-tana	*Sexe*	Orange	*Sexe*
(3) Manipura	*Au niveau du nombril*	Jaune	*Force de Rayonne-ment*
(4) Anahata	*Niveau du Plexus solaire*	Vert	*Foi et amour*
(5) Vishuda	*Gorge*	Bleu ciel	*Capacité de Création. Verbe*
(6) Ajna	*Entre les 2 sourcils*	Violet	*Pouvoir psychique. Intuition*
(7) Sahasrara	*Haut du crâne*	Bleu foncé Indigo	*Conscience*

Chapitre III

Les couleurs
et les sciences secrètes

— Les couleurs et le blason (l'héraldisme).

— Les propriétés étranges des pierres précieuses.

— Les couleurs et le « Grand Œuvre » (l'alchimie).

— Symbolisme des couleurs dans les principaux groupes ethniques.

Les couleurs et le blason

Le mot « blason » désigne l'écu, le bouclier employé au Moyen Age.

L'héraldique occidentale a choisi cette arme défensive comme support.

L'héraldique est la « science » des symboles qui montrent l'intériorité de l'être. Elle fournit les références qui permettent de signifier, par des formes et des couleurs, l'identité individuelle (le Moi profond), et l'identité de groupe (famille, clan, nation), c'est-à-dire l'identité d'une appartenance. Le fait de dessiner ces symboles sur un bouclier a un sens : le bouclier est une carapace qui compense la vulnérabilité du corps et qui protège des coups. Il est une seconde peau. Cette seconde peau protège et, en même temps, présente l'identité. Cette identité symbolique, consubstantielle de la seconde peau, masque et protection, joue, au plan psychologique, le même rôle que le bouclier, au plan physique. En effet se reconnaître dans une image symbolique rend plus fort.

Voici quelle est la signification des couleurs dans le blason :

L'or

L'or désigne le jaune. il se réfère au soleil et à la puissance divine. Couleur du soleil, l'Astre-Roi, l'or indique la réalisation achevée d'une potentialité. Il est la couleur de l'homme qui a traversé toutes les épreuves et qui se connaît lui-même, à l'image de Dieu. Cet homme « rayonne » comme un nouveau soleil.

Le Sage, l'Élu, l'homme supérieur, ne cherche pas le métal vulgaire. Il cherche l'or des Sages, c'est-à-dire l'agent d'une transmutation qui renouvelle l'Énergie créatrice. L'or spirituel est le seul souci du Sage. Aurifier sa pensée est l'ambition du Sage. Celui-ci, pour avancer dans sa quête spirituelle, fait mourir en lui-même tout ce qui est vulgaire.

Les idées associées à l'or conduisent à la notion d'harmonie et cette notion engage aussi les formes. C'est pourquoi la clef géométrique du mouvement vital est désignée par le nom de « Nombre d'Or » ou « proportion dorée ».

L'argent

L'argent, en héraldique, désigne le blanc. Il exprime l'aspect sublime de la simplicité. La véritable simplicité, c'est le dépouillement de tout ce qui n'est pas divin en nous. Celui qui vit cette couleur fait de son esprit une terre féconde, apte à recevoir le Message divin. Le blanc est la couleur du « héraut d'armes ». En héraldique, le « héraut d'armes » décèle les qualités spirituelles et pénètre le cœur des autres afin de concevoir le blason approprié à chacun. Pour bien faire ce travail, il doit s'oublier lui-même. Celui qui « juge » ne doit jamais réagir en laissant parler ses émotions. Il doit être absolument « neutre ». Sinon, il est injuste et ses jugements entraînent le désordre et provoquent la violence. Le symbolisme de l'argent, en héraldique, nous enseigne que l'on ne peut tricher avec la qualification. Est qualifié pour voir, pour juger et pour comprendre, celui qui a réussi à renoncer à toutes les exigences vulgaires du « Moi ».

L'azur

L'azur désigne le bleu. Celui qui connaît cette couleur se dirige vers la lumière, grâce à l'étude. L'azur est le symbole de l'intelligence véritable : mouvement de la pensée qui recherche le principe divin dans la matière et qui permet à la conscience de s'élever bien au-dessus des formes concrètes. Il faut distinguer l'intelligence du vulgaire et l'intelligence du Sage. La première est une simple habileté mentale qui permet de s'adapter à un milieu, de tirer profit des circonstances et de manipuler les idées avec virtuosité. La seconde est « ce qui rassemble ». Elle permet de comprendre les lois fondamentales qui régissent des phénomènes différents.

Elle est la perception du sens des choses.

L'azur évoque la formation spirituelle grâce à laquelle l'homme parvient à dépasser sa condition animale. C'est pourquoi l'azur est associé aux idées de beauté, de majesté et de sérénité. C'est aussi l'abondance, au plan spirituel.

Gueules

Gueules désigne le rouge. Cette couleur possède une qualification très élevée puisqu'elle est porteuse du principe de la vie. Le rouge est le feu central qui anime les mondes. A Rome, la terre rouge (l'argile), était le support obligatoire pour graver les lois de l'État, celui-ci devant, théoriquement, être l'image terrestre de l'État céleste.

Le possesseur du rouge est celui qui détient la Gnose (la Connaissance) et la manifeste dans son action.

Amour, maîtrise de soi, royauté de l'esprit sont les plus hautes manifestations de la flamme intérieure qui consume et réchauffe, qui détruit et régénère, qui brûle et purifie. Symboliquement, ce feu réside dans le cœur, muscle régulateur de la circulation du sang.

Le sinople

Le sinople désigne le vert. Comme nous l'avons vu lorsque nous avons présenté le symbolisme général des couleurs, le vert évoque la végétation, le renouvellement de la nature, le printemps.

En héraldique, le vert exprime ce qui naît. Il est la couleur qui permet le renouvellement des conceptions qu'engendre l'intellect. Il annonce le dépassement de la vision intellectuelle. Celui qui perçoit le sens du vert est capable de conférer de l'impulsion à l'ensemble de ses facultés, sans en rejeter aucune. Il est capable de se guérir lui-même.

Le vert traduit aussi l'espérance, ce qui se déduit analogiquement de ce qui précède. Il implique, par conséquent, la véritable liberté qui est la perception des lois fondamentales du Cosmos et la soumission volontaire et consciente à ces lois.

Il est curieux de constater qu'au XIIe siècle sinople désignait la couleur rouge et au XIVe siècle, le vert. On est passé d'une couleur primaire à une couleur composée (le vert = bleu + jaune) et on a transféré sa symbolique. Il y a également un lien de complémentarité entre le rouge et le vert. En outre, l'idée de renouvellement et de combustion est associée aux deux couleurs, par analogie avec ce qui se passe dans la nature.

La religion chrétienne célèbre, pendant la semaine sainte, la mort et la résurrection du Sauveur. Autrefois, le vendredi saint, jour de la crucifixion, était précédé d'un « jeudi vert ». Cette coutume était pratiquée dans l'ensemble des pays germaniques. Faut-il voir l'effet d'une coïncidence linguistique ? En vieil allemand, le verbe « grünen » signifie « se lamenter » et ressemble étrangement à « grün » (vert). Au plus profond de la tristesse apparente git la résurrection.

Le sable

Le sable désigne le noir. Il convient de remarquer que les significations attribuées en Europe à la couleur noire trouvaient leur origine dans la symbolique égyptienne. « Kemit », la Noire, était l'un des noms de l'Égypte et le hiéroglyphe qui l'exprime graphiquement montre un scribe reprenant le feu qui s'éteint et rentrant à l'intérieur de la terre.

La racine KM signifie achever, terminer un cycle, et par conséquent, annonce un nouveau commencement. Kamephis transmet la connaissance à Isis au moment où il la gratifie du don du Noir parfait. Le noir est la mort joyeuse de l'homme qui meurt face à son ancien monde et qui, après une pause et une étape d'indifférenciation, renaîtra comme un Être de lumière, totalement débarrassé de ses chaînes.

Dans la Bible, la beauté du noir est célébrée dans le Cantique des Cantiques : « Je suis noire, mais je suis belle » dit la Sulamite. Matrice de la force universelle, le noir est l'Athanor où se prépare la création de demain.

Le pourpre

Le pourpre désigne le violet. Il désigne à la fois la couleur et le coquillage dont on tire la teinture. Il désigne le pouvoir suprême car cette teinte était réservée, dans l'Empire Romain, aux Empereurs. « Prendre le pourpre » signifiait devenir Empereur.

En l'homme, cette couleur est le signe d'une harmonie indissoluble entre la pensée et l'action, l'intelligence et les sentiments.

Le vair

Ce mot vient du latin « Vârina », de plusieurs couleurs. Il signifie moucheté ou tacheté. L'homme qui porte le vair (noir et blanc) est face à un choix : soit il demeure à la surface de sa propre existence et ne se meut

Combinaison de couleurs par addition
Cent ans après le disque de Newton, Thomas Young prétend que trois couleurs primaires peuvent produire le blanc et toutes les autres teintes.
Ces trois couleurs primaires de Young sont : rouge, vert, bleu-violet.

Combinaison de couleurs par soustraction
Elle s'obtient en superposant partiellement sur une surface blanche trois filtres, un jaune, un magenta et un cyan (bleu sombre).
La superposition de deux de ces filtres produit les trois couleurs primaires de la figure précédente, alors qu'une superposition des trois donne du noir.

Rose chromatique

Gamme mélodique
Composée d'une seule couleur dégradée en tons différents par l'action du noir et du blanc, cette gamme exprime les possibilités harmoniques. On peut également composer d'autres gammes en remplaçant le noir et le blanc par n'importe quelles couleurs.

Exercice de l'image consécutive
Fixez intensément pendant trente secondes la figure colorée. Puis concentrez votre regard sur la surface blanche autour du point, vous verrez apparaître sur celle-ci une image consécutive de couleur complémentaire.

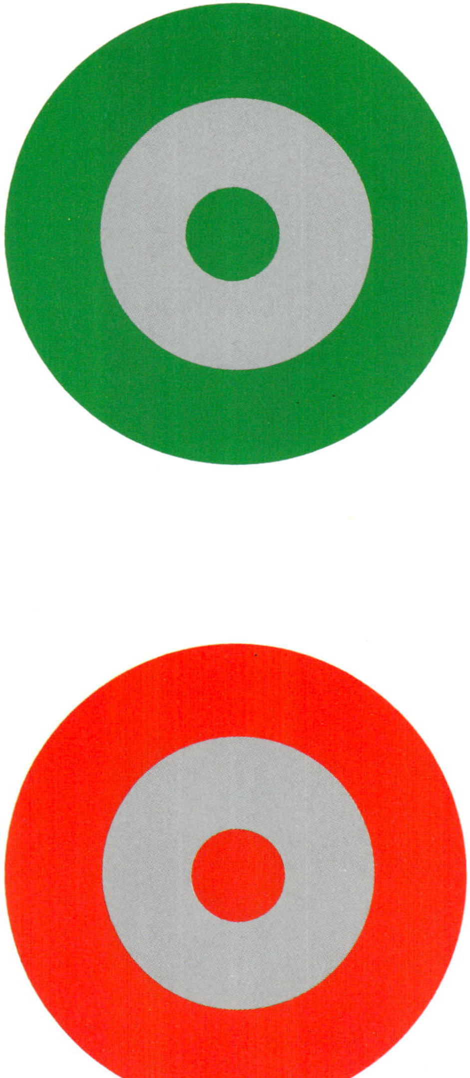

Phénomène de contraste chromatique
Contraste de clarté : le rouge apparaît plus rouge et le vert plus vert.

qu'horizontalement, soit il se dépasse et s'approfondit, il se meut alors verticalement. S'il choisit cette direction, il évoluera. Il peut donc évoluer, s'il le désire. Il est qualifié mais n'a pas décidé encore.

Le vair exprime la dualité arbitraire entre l'esprit et la matière. Le non initié perçoit l'opposition. L'initié perçoit la complémentarité.

L'hermine

Désigne le blanc immaculé. Deux reines de France avaient adopté l'hermine comme symbole : Anne de Bretagne, épouse de Louis XII, et sa fille, Claude de France. Pour Guy de Tervarent[(1)], ce symbole avait un double sens : l'hermine de Bretagne est le symbole de la « pureté ».

L'interprétation est confirmée par la devise du roi de Naples Ferdinand Ier (1423-1494) qui accompagne la représentation d'une hermine dans un cercle de boue : « Je préfère la mort à la souillure ».

Le symbolisme de l'hermine est ancien. On lit dans les traités de symbolique des animaux : « Si l'hermine tombe dans une ornière, elle s'en trouve paralysée et meurt ».

L'ornière représente les déviations de la vie par rapport au principe divin.

La vérité est une voie, mais nombreux sont les chemins de traverse et innombrables sont les possibilités de la nier. Tomber dans l'ornière, c'est succomber aux erreurs, s'abandonner à la facilité, à la vulgarité, se laisser submerger par des soucis matériels, négliger l'essentiel : l'Esprit.

(1) Guy de Tervarent. « Attributs et Symboles dans l'Art profane 1450-1600 », Genève 1958.

L'hermine est aussi la parcelle impérissable qui subsiste dans la conscience de chacun. Le plus ignorant, le plus vulgaire, le plus abject des hommes possède, quelque part, une hermine qui, un jour, peut-être, se manifestera.

La fourrure de l'hermine orne les dignitaires de l'Église, de l'État et de l'Université, et rappelle la pureté morale qui doit les caractériser, sous peine de graves désordres. Malheur à ceux qui ne respectent pas les signes dont ils se parent !... et malheur à ceux qui leur gardent leur confiance.

L'hermine n'aime que les eaux limpides et la nature fleurie. Elle préfère mourir plutôt que toucher la boue. Elle incarne la noblesse des sentiments. L'hermine rappelle la finalité de l'existence.

La signification des couleurs et les propriétés étranges des pierres précieuses

Les vertus des minéraux sont liées, pour une grande part, à leur couleur. Dans les gemmes, les vibrations colorées sont concentrées au plus haut degré. Pour cette raison, elles dégagent une énergie puissante dont l'action peut être le plus souvent définie par le sens symbolique de la couleur de chaque minéral.

L'intensité de cette énergie varie selon la forme des pierres et la façon dont elles sont taillées. Forme et taille sont des amplificateurs de vibrations qui concourent à accumuler, condenser et à faire rayonner les énergies ou forces vibratoires de la teinte.

Chacune des espèces minérales a sa signification et ses vertus particulières. Cependant, chez toutes celles qui ont une même couleur, on pourra presque toujours retrouver des caractéristiques dérivant du sens et des vertus de cette coloration. Aussi, nous donnons ci-dessous un tableau du symbolisme et des propriétés thérapeutiques des couleurs.

Une pierre peut également agir sur les maladies de tel ou tel organe, indépendamment de la signification symbolique de sa couleur et seulement parce que celle-ci est la même que celle de cet organe.

C'est ainsi, entre autres, que le rubis, l'hématite et le corail qui ont la couleur du sang passaient pour guérir les maladies de la circulation sanguine ; que l'aigue-marine, l'émeraude, le lapis-lazuli et le saphir, qui ont la coloration de certains yeux, étaient employés comme remèdes contre les ophtalmies, et que la topaze, dont la teinte se rapproche de celle de la bile, servait de médicament pour le foie.

Selon le même principe, certaines pierres peuvent agir sur la nature comme l'agate arborisée qui favorise la végétation ou comme l'émeraude et l'aigue-marine dont la couleur est celle de la mer et qui, par conséquent, peuvent calmer les flots. Ce processus de magie sympathique ou imitative s'applique en dehors même de la couleur puisque l'ambre et l'aimant, en vertu de leur force matérielle d'attraction, captent, sur le plan subtil, les influences bénéfiques.

Ces tableaux indiquent pour chaque couleur :
1) le symbolisme ;
2) les vertus thérapeutiques.

	Symbolisme	Thérapeutique
Blanc et translucide	La lumière originelle, l'unité, l'esprit, la sagesse, l'initiation, la transfiguration, la foi, la fidélité, l'innocence, les idées élevées.	*Bactéricide, détermine l'assimilation, provoque l'hypérémie, augmente la tonicité des organes.*
Rouge	Amour divin, pouvoir créateur, charité, force, courage, ardeur, générosité, passion, virilité, principe de la vie, feu et sang, dynamisme, ténacité.	*Stimulant sensoriel, énergisant formateur d'hémoglobine, cicatrisant, antiseptique, fortement excitant, guérit le lymphatisme, l'anémie, la timidité. Relève l'activité psychique, aphrodisiaque.*
Rose	Régénération, résurrection dans la lumière, renaissance mystique, amour nuancé de constance, de retenue, de prudence, tendresse, modestie, douceur, délicatesse, volupté.	*Combat la tendance à la neurasthénie, aux pensées négatives, à l'humeur inquiète, excitant génital.*

	Symbolisme	Thérapeutique
Orange	Énergie et croissance, enthousiasme, imagination, intuition, inspiration.	*Tonique cardiaque, stimule la thyroïde, lutte contre la somnolence, favorise la digestion, antispasmodique, stimulant respiratoire.*
Jaune	Révélation de l'amour et de la sagesse, haut idéalisme, conscience et expansion, intellectualité, action, soleil et or (matériel et spirituel).	*Tonique mais non excitant, stimulant moteur, augmente la tonicité neuromusculaire générale, activant lymphatique, favorise les sécrétions internes et génération des leucocytes.*
Vert	Manifestation de l'amour et de la sagesse divine dans la création. Origine de la vie, harmonie, équilibre, calme, force vitale, régénération de la nature et régénération spirituelle, espérance, immortalité.	*Calmant, équilibrant, purifiant, donne une sensation de bien-être général, de revitalisation, de repos psychique, prépare à l'hypnose, combat les troubles vésiculaires.*

	Symbolisme	Thérapeutique
Bleu	Sagesse divine manifestée par l'esprit, souffle divin, éther, paix, calme, ciel, air, pureté, immatérialité, méditation, les yeux, loyauté, sincérité, félicité, féminité.	*Sédatif, anesthésique, antispasmodique, fébrifuge, régénère le système nerveux.*
Violet	La plus haute vibration spirituelle chez l'homme. Spiritualité avec une nuance de tristesse et de mélancolie, ascèse, amour, vérité, souffrance, introspection, mysticisme, humanitarisme.	*Combat l'intoxication, les troubles viscéraux et articulaires, l'insomnie ; stimulant de la rate, calme les excitations nerveuses ; déprimant cardiaque et lymphatique.*
Noir	Ténèbres primordiales, indifférenciation originelle, nuit, silence, terre-mère, tellurisme, passivité, vie nouvelle ; sentiments continus, profonds et déterminés.	*Détermine le repos des organes, induit le sommeil, provoque la rétention des phosphates de chaux chez les rachitiques et les déprimés nerveux.*

Attention

Les propriétés des pierres précieuses ne sont bénéfiques que pour les personnes bonnes. Ces propriétés deviennent maléfiques pour les personnes mauvaises et cupides.

Voici quelles sont les propriétés des principales pierres.

Le diamant

Le diamant est le cristal qui réunit au plus haut degré toutes les qualités que l'on recherche dans les gemmes. Sa clarté, sa pureté, ses feux fascinants en font le roi des minéraux. « Son éclat mat est plein de douceur et de suavité. On dirait que les jets de lumière qui s'en échappent arrivent d'une source profonde et insondable. Ses feux jaillissants sont comme recueillis dans leur essor ; ils s'épanchent parce qu'ils ne peuvent plus être contenus. Dans la radieuse lumière de cette gemme ruissellent toutes les teintes qui parent l'aurore. C'est l'astre du jour réduit aux proportions du chaton d'une bague ou d'une aigrette de couronne, se jouant dans les splendeurs de l'arc-en-ciel(1). »

Le diamant a été connu depuis la plus haute Antiquité. Les Anciens l'appréciaient non pas pour son éclat, car celui-ci n'est développé que par la taille qui ne fut découverte qu'à la fin du XVe siècle seulement, mais pour ses propriétés magiques.

Le diamant est la substance la plus haute dans l'échelle de la dureté. « L'essai de tous ces diamants, dit Pline, se fait sur une enclume, à coups de marteau ; ils repoussent tellement le fer qu'ils le font sauter de côté et d'autre,

(1) J. Rambosson, Les pierres précieuses et les principaux ornements. Paris, 1884, p. 29-30.

et que l'enclume se casse même quelquefois[2]. » Cette opinion erronée s'est maintenue pendant très longtemps. En 1476, après la bataille de Morat, les Suisses, s'étant emparés de la tente de Charles le Téméraire, y trouvèrent, parmi d'autres richesses, un certain nombre de diamants. Voulant s'assurer qu'ils étaient authentiques, ils les frappèrent à coups de marteau, persuadés qu'ils devaient résister s'ils étaient véritables et, bien sûr, ils les réduisirent en morceaux.

Le diamant est le plus parfait symbole de la splendeur, de la magnificence, de la beauté, ainsi que le symbole de l'intelligence et de l'amour. C'est ce qu'exprime romantiquement Alfred de Vigny en ces quelques vers :

> « Le diamant ! c'est l'art des choses idéales,
> Et ses rayons d'argent, d'or, de pourpre et d'azur
> Ne cessent de lancer les deux lueurs égales
> Des pensers les plus beaux, de l'amour le plus pur.
> Il porte du génie et transmet les empreintes,
> Oui, de ce qui survit aux nations éteintes,
> C'est lui le plus brillant trésor et le plus dur. »

Au point de vue métaphysique, le diamant signifie la divinité increéée ; le Principe suprême de sa pureté, sa force, sa sagesse ; l'Unité.

Il désigne aussi l'initié, celui qui s'est dépouillé, sublimé pour éveiller en lui la divinité latente en tout homme. « Laissez, dit Henri Durville, le charbon grossier de la mine abandonner toutes les traces de sa vie passée, se purifier, redevenir sa vibration essentielle. Alors, de ce charbon grossier surgit la plus belle des gemmes : le diamant, symbole parfait de l'adepte, celui qui raye toutes les pierres et ne se laisse entamer par aucune, celui qui reçoit la lumière et la renvoie en mille éclats, par le rayonnement de toutes ses facettes ; celui qui a retenu si peu de matière au cours de ses dernières vies qu'il brûle sans laisser de cendres. »

(2) Pline, Histoire Naturelle, livre XXXVII.

Le diamant est purificateur et il facilite la liaison avec les plans spirituels. Selon Cahagnet, « cette pierre est affectionnée par les Esprits de lumière ; par conséquent, elle met en rapport avec, en éclairant l'intelligence de celui qui la porte à cette intention. »

Ce « morceau d'éternité », comme disent les Indiens, fut toujours considéré comme le symbole de la force et de l'audace à cause de son extrême dureté. Il rend courageux et invincible celui qui le porte, à condition bien sûr que sa mentalité soit pure, son esprit élevé, ses pensées nobles.

D'après les anciennes croyances, le diamant a encore bien d'autres vertus. Il perd momentanément son éclat, se givre même, au contact de la main d'un traître. Il apporte un regain de vitalité et de confiance en soi et attire les sympathies.

Antispasmodique et calmant la fièvre, il dissipe les craintes, les cauchemars, délivre l'esprit de l'angoisse, guérit la démence. Il est utile aux lunatiques et à ceux qui sont obsédés par les démons. Il subjugue les fantômes, les apparitions, les incubes et les succubes. Il éloigne les bêtes sauvages, écarte les dangers des femmes en couches, fait gagner les procès, neutralise les poisons, surtout les poisons animaux, mais devient à son tour un poison si on l'absorbe sous forme de poudre (Paracelse partageait encore cette opinion). Il favorise également la chasteté et combat la sexualité exagérée.

En tant que symbole de l'amour, il était très estimé en Italie aux XVe et XVIe siècles comme ornement de l'anneau de mariage.

Il a le pouvoir de maintenir le bonheur entre les époux ; il est gage de fidélité et, en cas de dispute, il devient la pierre de réconciliation.

Le diamant est, de plus, favorable aux yeux. On gardait autrefois au château de Verville, dans l'Isère, un diamant qui guérissait de la cataracte. On venait de cent lieues alentour lui redemander la vue.

D'ailleurs, n'est-il pas semblable à l'œil de la providence ? Par ses feux, il produit la fascination, le somnambulisme lucide qui permet de pénétrer dans l'avenir et dans l'au-delà. « Il est, dit Bachelard, le modèle d'une volonté de domination. Le diamant est un regard qui hypnotise. C'est une pierre de la force du regard (1). »

La nature nous donne, à propos du diamant, une belle leçon de modestie : un diamant est constitué par un corps simple à l'état pur : le carbone. Il ne se distingue d'un vulgaire morceau de charbon que par une différence de cristallisation.

L'émeraude

Il n'est point de couleur plus agréable à l'œil que celle de l'émeraude, dit Pline. Car quoique l'on prenne un grand plaisir à considérer la verdeur des herbes et des feuilles, on en goûte infiniment davantage à contempler les émeraudes, parce qu'il n'est pas de verdeur qui approche de la leur. De plus, elles sont les seules pierres qui contentent la vue sans la lasser. Et même lorsque les yeux sont affaiblis pour avoir regardé attentivement la chose, la vue d'une émeraude les soulage et les fortifie. Les lapidaires n'ont rien qui délasse plus agréablement leurs yeux fatigués que la douce verdeur de cette pierre. De plus, vues de loin, les émeraudes paraissent plus grosses et communiquent à l'air ambiant une teinte verte. Ni le soleil, ni l'ombre, ni les lumières, rien ne les change ; elles ont toujours un éclat modéré (2). »

Cette virilité merveilleuse fait de l'émeraude le symbole de l'espérance, de la vitalité cosmique, de la nature qui s'éveille au printemps, de la fertilité.

(1) Gaston Bachelard. La terre et les rêveries de la volonté, Paris, 1948, p. 307.

(2) Pline, Histoire Naturelle, livre XXXVII, chapitre XVI.

N'oublions pas que les alchimistes appellent « Émeraude des philosophes » la solidification de ce fluide universel qui insuffle la vie à toute la nature.

Elle est aussi la gemme de la sagesse, de la création spirituelle, de l'inspiration, de la connaissance ésotérique. « Je te salue, émeraude, pierre des Mages, s'écrie Victor-Émile Michelet. Parmi les couronnes de verveine, tu brillais au front des druidesses ; car comme cette fleur, tu favorises les œuvres d'amour et de divination. Ceux qui savent le Mystère confrontent à ton éclat profond leur vision profonde. Les prophètes d'autrefois, les voyants, qui savaient soulever le voile du futur, te plaçaient sous leur langue avant d'énoncer les oracles (1). »

Par son pouvoir régénérateur, sa puissance de vie, elle donne force, activité, énergie, résistance aux coups du sort.

Gemme de l'harmonie, elle confère une éternelle jeunesse du cœur ainsi que la félicité intérieure.

L'émeraude favorise les entreprises amoureuses et a même des propriétés aphrodisiaques signalées par Rabelais : « La braguette de Gargantua, dit-il, était fixée par deux crochets d'esmail, en un chascun desquels estoit enchâssé une grosse esmeraude de la grosseur d'une pomme d'orange. Car ainsy que dict Orpheus, Libro de Lapidibus et Pline, Libro ultimo, elle a la vertu érective et confortative du membre naturel (2). »

En vertu de l'analogie des contraires, on la considère également comme la pierre de chasteté : elle se ternit au moment où la personne qui la porte se livre aux plaisirs de l'amour ; elle se rompt même lorsqu'une vierge se donne pour la première fois ; sa couleur se change en un brun livide dès que l'amant qui l'a offerte est infidèle à sa bien-aimée.

Bien d'autres pouvoirs encore sont prêtés à l'émeraude par les anciens lapidaires.

(1) Victor-Émile Michelet, L'Amour et la magie, Paris, 1909, p. 139.
(2) Rabelais, Gargantua, livre I, chapitre VIII.

Elle éclaircit l'intelligence, procure la lucidité de l'esprit, renforce la mémoire, favorise l'éloquence et accroît la renommée.

Elle délivre les possédés, calme les nerveux et les épileptiques, arrête les hémorragies et tous les flux de sang, combat la morsure des chiens enragés, dissout les calculs, calme la fièvre.

Prise à l'intérieur, elle est l'antidote de la plupart des poisons ; elle guérit aussi la dysenterie.

Elle empêche le mal caduc, arrête la chute des cheveux, cicatrise les lésions cutanées, combat la furonculose et même la lèpre, adoucit les souffrances et hâte la délivrance des femmes en couches.

Comme elle a la couleur de certains yeux et qu'elle repose le regard par son doux éclat, on lui attribue par magie sympathique la propriété de guérir les ophtalmies et de rendre la vue perçante.

Les nuances de l'émeraude rappellent celles des ondes de la mer. Ainsi est-elle un talisman pour les marins et les pêcheurs : elle les préserve des tempêtes et autres dangers de l'océan.

Par une ambivalence fréquente dans le symbolisme des pierres et des couleurs, l'émeraude a quelquefois une valeur néfaste.

Cette lumière intellectuelle, cette sagesse, cette puissance de vie qu'elle porte en elle peuvent être tournées vers le mal. Aussi est-elle parfois associée au diable dans les traditions du Moyen Age. Dans le Trésor de la Cathédrale de Munich figure une statue de Saint Georges terrassant le dragon. Le monstre infernal est taillé dans une grosse émeraude.

C'est pourquoi certaines émeraudes sont considérées comme maléfiques. Il en est ainsi de celle qui fut offerte à la Vierge d'Atocha à Madrid. Cette statue, raconte A. Villeneuve, « porte au cou une émeraude d'une valeur immense qui a appartenu à plusieurs personnes notables, qui, toutes, sont mortes de male mort ou tout au moins d'une manière bizarre, entre autres l'infortunée Élizabeth, impératrice d'Autriche, qui fut assassinée par Luccheni, bien qu'elle ne fût pour rien dans les affaires de son pays et que sa vie conjugale et maternelle n'ait été qu'un long tissu de chagrins. La pierre vint à une princesse espagnole qui mourut peu de jours après et la Reine d'Espagne porta solennellement la pierre à la Madone la plus célèbre de son pays. Bien que la pierre soit dans un endroit public, il ne viendrait à la pensée de personne de tenter de s'approprier la gemme fatale car sa valeur serait bien mal payée, puisque la vie du voleur serait en danger (1). »

Selon une légende, lorsque l'archange Lucifer entra en révolte contre Dieu et fut défait après un combat avec Saint Michel, l'émeraude énorme et merveilleuse qui brillait à son front se détacha au moment de sa chute et tomba sur terre. Plus tard, elle fut offerte à Salomon par la reine de Saba. On la tailla en forme de calice et Nicodème en hérita, puis Joseph d'Arimathie. Ce vase sacré devint le Graal lorsque le Christ s'en servit lors de la Cène. Joseph d'Arimathie recueillit ensuite dans la coupe merveilleuse l'eau et le sang qui coulèrent des plaies de Jésus lors de la Crucifixion. Le Graal fut apporté en Bretagne par Joseph d'Arimathie, puis perdu. Sa recherche devint l'objet principal de la « queste » des chevaliers de la Table Ronde. La conquête du divin calice doit conférer la suprême sagesse, l'illumination spirituelle, et cela est bien en accord avec le plus haut symbolisme de l'émeraude.

Ce qui était devenu Mal est donc, par un processus de réintégration, retourné au bien.

Rappelons que selon un mythe, c'est d'une immense émeraude qu'était faite la fameuse Table magique sur laquelle était gravé l'essentiel des préceptes de la science occulte. Elle fut trouvée dans une grotte où avait été

(1) A. Villeneuve, Les pierres magiques, Paris, s. d., p. 12.

enseveli le corps de Thôt ou Hermes Trismégiste (c'est-à-dire trois fois très grand). La momie du dieu égyptien tenait la Table d'Émeraude dans ses mains lorsque Sara, la femme d'Abraham, pénétra, longtemps après le déluge, dans la caverne-sépulcre qui se trouvait près d'Hébron. D'autres versions attribuent cette découverte à Alexandre le Grand ou à Apollonius de Tyane.

Le choix de l'émeraude est, en tout cas, révélateur de son caractère de pierre de la connaissance secrète.

Dès le XIIe siècle, une version latine du texte de la Table d'Émeraude parut en Occident, traduite de l'arabe. Voici ce document capital :

> « Paroles des arcanes d'Hermès.
> Il est vrai, sans mensonge, certain et très véritable :
> Ce qui est en bas est comme ce qui est en haut et ce qui est en haut est comme ce qui est en bas pour l'accomplissement des merveilles de la chose unique.
> Et de même que toutes choses se sont faites d'Un seul, par la méditation d'Un seul, ainsi toutes choses sont nées de cette même unique chose, par adaptation.
> Le Soleil est son père, la Lune est sa mère ; le vent l'a porté dans son ventre ; la terre est sa nourrice.
> Le père de tout, de Thélème du monde entier est ici.
> Sa force est entière si elle est convertie en terre.
> Tu sépareras la terre du feu, le subtil de l'épais, doucement et avec grande industrie.
> Il monte de la terre au ciel ; derechef il descend sur la terre et reçoit la force des choses supérieures et inférieures.
> Tu auras par ce moyen la gloire du monde et toute obscurité s'enfuira de toi.
> C'est la force forte de toute force qui vaincra toute chose subtile et pénétrera toute chose solide.
> Ainsi le monde a été créé. De ceci sortiront d'admirables adaptations, desquelles le moyen est ici.
> C'est pourquoi j'ai appelé Hermès Trismégiste, possé-

dant les trois parties de la philosophie de l'univers tout entier.

Ce que j'ai dit de l'opération du Soleil est complet. »

Le rubis

Le rubis symbolise la charité, l'amour divin, la loyauté, la vaillance, la hardiesse. Il doit ses nombreuses vertus ardentes à sa couleur qui en fait un élément du feu.

Il stimule les sentiments aussi bien que la santé. Il contribue à cicatriser les plaies, à guérir les troubles cardiaques et à purifier le sang. C'est aussi un anti-hémorragique : comme tel, on l'administrait, au Moyen Age, pulvérisé dans une boisson très chaude. Il est bon pour le cerveau et la mémoire. Il fortifie les organes génitaux et la vésicule biliaire.

Le rubis est d'un grand secours aux anémiques, asthéniques, neurasthéniques et aux timides. Il favorise l'effort, la lutte contre l'adversité.

Il apporte la joie, donne la paix, écarte la tristesse et va jusqu'à détourner les désespérés du suicide. Il empêche d'avoir des songes fâcheux et en procure d'agréables. Il fait respecter tous ceux qui l'ont sur eux, leur attire la vénération et facilite la réalisation de leurs vœux.

Selon Cahagnet, « cette pierre est affectionnée par des esprits ardents à l'étude, désirant connaître beaucoup. Le rubis influe en cette gemme sur celui qui le porte » (1).

Il a encore la vertu de préserver de la peste, de réprimer la soif, de combattre l'effet du poison.

« Le rubis, dit Portal, était dans l'antiquité l'emblème populaire du bonheur ; s'il changeait de couleur, c'était d'un sinistre présage, mais il reprenait sa teinte pourprée lorsque le malheur était passé. »

Cette croyance dans le pouvoir prophétique du rubis était encore couramment admise au XVIIIe siècle. Robert

(1) A. Cahagnet, loc. cit., p.263.

de Berquem s'en fait l'écho en ces termes : « Et pour vérifier qu'il a cette vertu, on récite une histoire que Wolfgangus Gabelchoueür écrit lui-même, de ce qui lui est arrivé autrefois. Que faisant voyage avec sa femme, il s'aperçut qu'un rubis, qu'il portait au doigt de tout temps, aussi beau qu'on se le peut imaginer, perdit tout à coup sa couleur vive et brillante et qu'il devint si obscur qu'il en était presque tout noir. Ce qui lui causa du déplaisir, parce que la pierre demeura longtemps en cet état ; si longtemps qu'il crut tout de bon que c'était une pierre perdue ; qu'il en avertit sa femme et qu'il lui fit entendre que cette aventure lui prédisait quelque chose de sinistre ; et que cela arriva au bout de quelques jours, que sa femme qu'il aimait passionnément tomba malade et mourut. Mais qu'après cette mort, par une merveille plus surprenante, le rubis reprit son lustre et devint aussi beau qu'auparavant. C'est ce qu'a écrit un médecin de Leide que j'ai suivi. »

Trituré dans l'eau, il passe pour remédier aux affections oculaires, à l'hydropisie et pour guérir les bêtes malades.

Si l'on touche avec cette pierre les quatre angles d'une maison, d'un champ, d'un verger, d'un vignoble, ces lieux seront protégés de la foudre, de la tempête et à l'abri de la vermine.

Mais le rubis est une pierre dangereuse à porter pour les gens sanguins chez qui elle provoquera des troubles circulatoires. Plus encore, elle est à déconseiller aux êtres violents et cruels. Cette pierre de feu exalte leurs penchants à la colère, à la luxure, à l'avidité, à l'ambition forcenée, aux actions sanglantes.

Le saphir

Cette pierre a la couleur du bleu céleste et la transparence de l'azur. Aussi est-elle l'emblème du divin et de sa permanence, de l'immortalité. « L'azur, dit Portal, dans sa signification absolue, représente la vérité divine : ce qui est vrai, ce qui existe en soi est éternel, comme ce qui passe est faux ; l'azur fut le symbole nécessaire de l'éternité divine, de l'immortalité humaine(1). »

Le saphir était vénéré en Égypte et à Rome comme pierre sacrée de la Vérité et de la Justice.

L'Église catholique l'admit très tôt comme le symbole de la pureté, de la force lumineuse du royaume de Dieu : une bulle d'Innocent III (qui fut pape de 1198 à 1216) prescrivait aux cardinaux et évêques de porter une bague ornée d'un saphir à la main droite, celle qui bénit.

Selon Hermann, « en Orient, cette gemme est le symbole de la "fleur bleue", de cette fleur mythique de l'Irrationnel qui, poussant du cœur jusqu'au cerveau des Saints, communique à la froide et sèche intelligence humaine la connaissance intuitive et l'amour universel qui jaillissent de l'âme(2). »

Une tradition veut que les Tables de la Loi remises à Dieu, à Moïse sur le Sinaï, aient été faites de saphir. De même nature était le Sceau de Salomon, grâce auquel ce roi enchaînait les démons et pouvait visiter les sphères célestes.

Cette gemme, qui contient en elle la justice divine, est essentiellement bénéfique. Le talisman de Charlemagne qui a été trouvé suspendu au cou de l'empereur, lorsqu'on ouvrit son tombeau en 1166, portait deux gros saphirs. Il fut offert à Napoléon Ier par le clergé d'Aix-la-Chapelle. Plus tard, il appartint à Napoléon III.

Le saphir a servi de médium aux magiciens pour obtenir la faculté d'entendre des voix et de prophétiser. Il passe pour être d'une grande efficacité dans les expériences de nécromancie.

Comme les autres pierres, il réserve l'efficacité de ses vertus pour qui a un cœur pur et sincère. Alors la paix

(1) Portal, op., cit., p. 98.
(2) Félix Herman, Les gemmes et les perles dans le monde, Paris, 1949, p. 62.

environnera celui qui le porte. Il sera défendu contre la haine et les ruses des méchants et contre ses propres passions destructrices.

C'est aussi la gemme de l'amitié, de la fidélité, de la douceur. Il passe pour chasser la crainte et les terreurs paniques, faire découvrir la fraude, inciter aux bonnes œuvres, donner l'esprit de repentir, prévenir la misère, faire aimer son possesseur par ses semblables et protéger contre les maléfices de la sorcellerie.

Le saphir rend le corps vigoureux et lui donne une belle carnation. Il réfrène, disent les vieux auteurs, « les ardeurs libidineuses et rend les gens chastes et pudiques ».

Il refroidit le corps fiévreux et calme la transpiration. Il sèche les ulcères, dissipe les maux de tête, combat l'amnésie, renforce les muscles des hypernerveux, fait disparaître les furoncles, anthrax, boutons et marques de petite vérole.

Réduit en poudre et bu avec du lait, le saphir guérit la dysenterie, la mélancolie et sert d'antidote au venin de scorpion et de serpent.

Enfin, comme il a la couleur de certains yeux, le saphir était réputé pour être un excellent collyre et aussi pour attirer au-dehors les corps étrangers qui s'introduisent dans les yeux et y causent de vives douleurs.

En dehors des principales « pierres » précieuses, le diamant, le rubis, l'émeraude et le saphir, de nombreuses autres gemmes sont aussi remarquables.

La topaze

La topaze qui est d'un beau jaune d'or pur, symbolise la foi, la justice, la tempérance, la douceur, la clémence.

Pierre candide et allègre, elle véhicule à la fois des radiations d'amitié désintéressée, confère l'ardeur des sentiments, la sincérité, la loyauté. Elle donne aussi richesse et honneurs.

Les Anciens l'appelaient *aimant d'or* et lui prêtaient la propriété d'attirer le précieux métal ainsi que de faire découvrir les trésors.

La topaze, dont le nom grec topazion signifie « *cherché-trouvé* », donne l'intuition vraie, la prémonition de l'avenir, l'inspiration.

Elle dissipe la tristesse et la mélancolie et préserve de la mort subite. Elle rend maîtres de leurs actes les grands sensibles, ceux qui sont irritables, coléreux, exaltés, frénétiques. Elle apaise les frayeurs nocturnes et prévient les mauvais songes.

Cette pierre a aussi une action favorable sur les troubles mentaux. Au Moyen Age, elle passait pour un remède souverain contre l'asthme, la goutte, l'insomnie, les maladies du foie et les hémorroïdes. On croyait aussi qu'elle arrêtait le sang coulant des blessures.

Andréas, évêque de Césarée, écrit : « Beaucoup qui souffrent des yeux peuvent bien voir, mais non reconnaître car un écoulement laiteux trouble la netteté de leur vue. La topaze arrête ce flux des yeux. Et c'est pourquoi elle est la pierre de saint Mathieu, car elle lui avait été donnée pour éclairer sa communauté dont le cœur était obscurci et afin de guérir ceux qui ont des yeux pour voir, mais ne voient point. »

On attribue encore à la topaze le pouvoir d'apaiser soudain le bouillonnement de l'eau chaude dans laquelle on la plonge aussi bien que l'agitation des eaux de la mer que soulève la tempête.

L'aigue-marine

L'aigue-marine que les Anciens appelaient béryl symbolise l'innocence, la jeunesse et aussi le détachement, la pureté, l'altruisme.

Elle rend gai son possesseur et apporte l'espérance dans le malheur.

Elle renforce les facultés psychiques, confère la subtilité et le désir de l'étude. Cette pierre donne le pouvoir d'être aimé, entretient et augmente la tendresse des époux. Elle évite les échecs de toutes sortes, fait gagner les procès et confond les ennuis. Elle soulage l'épilepsie, les spasmes, les convulsions, les douleurs du diaphragme.

Portée au cou, elle chasse les songes vains et guérit toutes les maladies de la bouche et de la gorge, mais seulement celles, disent les anciens auteurs, « qui viennent des humeurs aqueuses prenant naissance dans la tête ».

Au Moyen Age, on en portait en colliers contre les maux de dents.

Mélangée à un sel d'argent, elle guérit la lèpre. Trempée dans l'eau, elle transmet à celle-ci la vertu de rendre sympathique la personne qui la boit. Mais cette eau a bien d'autres pouvoirs : elle est excellente pour les maladies de foie ; elle dissipe les gaz de l'estomac et guérit les troubles des voies urinaires : lithiases rénales, douleurs néphrétiques, affections de la vessie. On l'emploie aussi contre les ophtalmies.

Comme l'émeraude dont elle est proche, l'aigue-marine rend la navigation heureuse en protégeant des tempêtes les marins qui la portent.

La tourmaline

Cette gemme a la curieuse particularité d'attirer les corps légers, les poussières lorsqu'on la chauffe. Il s'agit d'un phénomène pyroélectrique. Les cristaux de tourmaline ont alors une charge positive à une extrémité et une charge négative à l'autre. Au XVIIIe siècle, les Hollandais qui ramenaient des tourmalines de Ceylan, utilisaient cette propriété pour extraire les cendres de leurs pipes en terre.

Une autre de ses propriétés physiques est de polariser la lumière.

En magie, elle passe pour renforcer les dons occultes. Elle apporte des radiations joyeuses, provoque l'amour passionné, donne une robuste santé.

Lorsqu'on coupe perpendiculairement à l'axe cristallographique principal (l'axe vertical ternaire) certains gros cristaux prismatiques de tourmaline, on peut y voir un triangle équilatéral presque parfait formé par une répartition symétrique des différences de coloration à l'intérieur de la matière. Comme on le sait, le triangle équilatéral, figuration du ternaire cosmique primordial, symbolise la divinité, l'harmonie, la parfaite proportion.

La turquoise

Elle est l'emblème du courage, de l'espoir, de la sincérité, de la confiance, de la vérité, de l'amitié, de la tendresse, de la jeunesse, des sentiments affectueux.

La turquoise est la pierre des cavaliers. « Or, dit Cardan, que les pierres nous gardent du péril, quand nous tombons, comme l'on dit de la pierre Erano, dicte turquoyse, laquelle portée à un anneau, si l'homme tombe de dessus son cheval, est éstimée recevoir tout le coup, et estre rompue en pièces, l'homme sauvé : cecy a la cause moins difficile, néanmoins qu'elle soit grande ; aucuns adjoutent qu'il faut que cette cause soit reçeue par grâce divine. » Cette croyance était encore répandue il n'y a pas si longtemps en Orient.

La turquoise est réputée pour tomber malade en même temps que celui qui la porte : elle change de couleur, se ternit ; lorsque la mort arrive, elle se brise.

« Chacun sait, dit Charles Lancelin, que la turquoise perd sa belle couleur bleue sur les mains ou au cou des personnes dont la fièvre élève la température ; et cependant, ce n'est pas la température elle-même qui agit en ce cas puisqu'aucun foyer de chaleur artificielle ne produit ce résultat. Il faut donc que les effluves d'une peau malade, d'un organisme attaqué, agissent par un secret magnétisme sur la sensibilité minérale de la turquoise. »

Elle préserve de l'assassinat et de toute mort violente ; elle conjure le mauvais œil, étouffe les inimitiés, rend actif, donne l'aisance matérielle, assure le succès en amour.

C'est un talisman pour les marins : elle les préserve des naufrages.

Elle combat les maladies des yeux et de la tête, lutte contre les empoisonnements et les troubles psychiques, protège les muqueuses, les narines, le cervelet, le grand sympathique, soulage les reins et la vessie, combat l'anémie et l'hydropisie.

Le zircon

Le zircon incolore, utilisé pour imiter le diamant, aide à la réussite dans les entreprises et stimule l'habileté en affaires.

Conclusion

Nous avons passé en revue les propriétés des pierres précieuses telles qu'elles se présentent dans les croyances depuis le fond des âges. Dans la nature, tout se tient. Si les vibrations colorées des pierres montrent l'énergie qu'elles contiennent, il faut savoir qu'elles ne sont pas suffisantes, seules, pour résoudre tous les problèmes.

La connaissance de la nature contribue à la connaissance de soi et la réciproque est encore plus vraie. Il ne faut jamais « isoler » une chose de son contexte et attendre de cette chose une action précise en demeurant soi-même passif.

Les pierres, nous l'avons déjà dit plus haut, ne font du bien qu'aux personnes qui rayonnent positivement. Il en est ainsi pour tous les objets érigés en talismans.

La connaissance de soi-même, voie véritable de la liberté, conduit à l'exploration de toutes les analogies perçues et exprimées par l'homme depuis qu'il pense et depuis qu'il rêve.

Aussi évolué soit-il, l'homme nourrit sa pensée de ses rêves.

Tableau de correspondance entre les couleurs, les métaux, les pierres précieuses et les planètes

Bleu	Étain	Saphir	Jupiter
Vert	Cuivre	Émeraude	Vénus
Jaune	Or	Topaze	Apollon Le Soleil
Rouge	Fer	Rubis	Mars
Pourpre	Mercure	Améthyste	Hermès- Mercure
Blanc	Argent	Perle	Diane La Lune
Noir	Plomb	Diamant Carbone	Saturne

Les couleurs et le « Grand Œuvre »

Les origines de l'alchimie

Dans toutes les régions du monde, l'homme distingué a très tôt trois aspects dans l'Univers : « Les Dieux, la nature et l'Homme ». L'homme s'est situé lui-même dans la position d'intermédiaire entre les Dieux et la Nature. Ce schéma pensé et intériorisé est le commencement et aussi la structure fondamentale de la philosophie et de la religion. La Connaissance, selon cette vision trinitaire, a pour but de définir les rapports entre la vie cosmique et la vie humaine : c'est le domaine de l'Astrologie. Chaque corps céleste, y compris la lune et le soleil, est associé à des dieux. Aussi, l'étude des astres conduit à l'étude du domaine divin et des relations entre les dieux et les hommes.

L'homme, intermédiaire entre les dieux et la nature, « subit » les dieux, peut négocier avec eux grâce aux rituels, aux prières, aux incantations, mais par contre, dispose d'un pouvoir presque « divin » sur la nature. En effet, l'homme peut s'approprier la flore, la faune et les minéraux.

L'observation et la connaissance permettent à l'homme d'accroître son pouvoir sur les choses et, par conséquent, d'être plus autonome et de vivre plus confortablement. Il passe progressivement de la chasse à l'élevage et de la cueillette à l'agriculture, il apprend à faire du feu, à fabriquer des objets, à se servir des métaux. Il observe que les modifications que subissent les choses se partagent en deux catégories :

1) les modifications qui ne dépendent pas des humains ;

2) les modifications qui dépendent de l'action de l'homme.

Il observe aussi que ces deux catégories sont interdépendantes, et les actions humaines, pour être efficaces, doivent correspondre à l'activité cosmique et naturelle. Cette observation a mené très tôt les hommes de science à concevoir l'existence d'une similitude entre le « macrocosme » (la Nature) et le « microcosme » (l'homme).

Les mots « macro » et « micro » cosme ont été choisis parce qu'ils attribuent la même structure au « grand » (= macro) monde (= cosmos) et au petit (= micro) monde (= cosmos). Ces deux termes montrent que l'homme (micro-cosme) est lui-même toute la nature en réduction.

Dès lors, l'homme peut utiliser ces relations pour aider ou contrarier les impulsions de la Nature et, par conséquent, la maîtriser et l'utiliser pour atteindre les buts qu'il a choisis. Cette attitude conduit à reconnaître à la nature des propriétés humaines et, parmi celles-ci, l'essentielle : la vie.

Alors, aucun miracle n'est plus nécessaire pour expliquer l'existence de la vie : celle-ci est une propriété de tous les êtres existant par la volonté divine.

Ce « vitalisme » se développa sous des formes variées jusqu'à ce que se produisît, en Égypte, une conjonction de circonstances qui lui permit de se constituer en doctrine rationnelle, comprenant une théorie et une pratique.

Née à Alexandrie et dans le riche pays environnant, elle nous fut transmise, presque mille ans plus tard, par les Arabes. Ceux-ci avaient baptisé cette science « Al Khemia » (c'est-à-dire l'Égyptienne) qui, en ancien égyptien veut dire « Noir », et qui a servi à nommer le pays. (Revoir le chapitre sur l'héraldisme, dans lequel nous développons cette étymologie du noir).

Le mot Al-Khemia est devenu alchimie, en Occident, puis chimie.

Les principes de l'alchimie et les bonnes raisons de les connaître

Le but de l'alchimie est la connaissance et la maîtrise parfaite et totale de la matière. Pour y parvenir, il faut un agent. C'est la « Pierre philosophale ». Pour la trouver ou la fabriquer, il faut une méthode et des techniques. En parler n'est pas notre propos. Par contre, ce qui nous intéresse directement, c'est le fait que le processus alchimique est associé à une série de couleurs.

Les vieux traités alchimistes disent qu'il faut « séparer le subtil de l'épais ». Le progrès est donc de « spiritualiser » le matériel.

La matière contient des éléments « spirituels » qu'il faut dégager en la traitant de manière à ce qu'elle se dissolve, devienne aqueuse, puis gazeuse (« aérienne » « éthérée » « volatile »), c'est-à-dire de plus en plus légère et subtile.

Au sein d'une nature vivante et changeante, l'homme devient l'associé du Créateur suprême et se divinise lui-même en accélérant par son action l'évolution naturelle, jusqu'à ce que tout se fonde dans l'Unité.

Cette vision générale du monde engage à la fois les sentiments et les idées, des croyances naïves et des observations fort intelligentes.

Jung a remarqué que de nombreuses personnes rêvaient des histoires comportant des symboles alchimistes et ignoraient tout de l'alchimie. Il en conclut qu'il existe un « Inconscient collectif » qui se souvient de tout ce à quoi nous avons cru et pensé au niveau de l'histoire de notre espèce. Cet inconscient collectif est l'un des éléments de notre « psychisme », de même que le code génétique inscrit dans nos cellules d'acide désixhyribonucléique (ADN) et qui contient toute notre histoire, en tant que corps vivant, fait partie de notre corps.

Par conséquent, notre approche de l'alchimie a pour but de trouver des points de repère, stimulants pour l'esprit et propres à nous permettre de mieux réfléchir et de mieux regarder.

Les couleurs dans l'alchimie

Le « Grand Œuvre » est l'ensemble des opérations alchimiques qui conduisent à réaliser la transformation de la matière en esprit pur.

Le vulgaire croit qu'il s'agit de fabriquer de l'or. Il prend les symboles à la lettre et, ainsi, il dénature l'enseignement et transforme le bien en mal.

L'évolution qui va de l'épais vers le subtil passe par différentes étapes qui, selon la pensée alchimiste, se définissent ainsi.

1 - Le passage au noir - stade de la putréfaction

Cette étape est absolument indispensable. Elle est le commencement nécessaire à la réussite de l'Œuvre.

2 - Passage au blanc

Après un temps de combustion surveillée et bien réglée, la matière devient blanche. Elle se dissout, se débarrasse de ses « scories », se purifie.

3 - Passage au rouge

Après un court instant où la matière passe du blanc à la citrine, le rouge apparaît. Il signifie la percée de la conscience et le commencement de la « libération ». C'est un moment dangereux car, lorsque l'on est au commencement d'un résultat positif on se sent euphorique et fort. La déception peut être douloureuse.

4 - Passage à la « queue de paon »

Toutes les couleurs de l'arc-en-ciel surgissent lorsque « l'Œuvre au rouge » se poursuit convenablement.

5 - Transubstantation de la matière

Le grand œuvre de transubstantation de la matière est réalisé lorsque la couleur du soleil (l'or) irradie.

Nous reproduisons ci-dessous le texte de Dom Antoine Joseph Pernety, qui publia en 1787 son fameux « dictionnaire mytho-hermétique ».

Couleur

« Les couleurs des choses, et particulièrement des fleurs, ont leur principe dans le soufre et le sel mercuriels des corps colorés. Une preuve bien convaincante, c'est qu'à mesure que ces parties volatiles s'évaporent, la couleur s'évanouit, du moins son éclat et sa vivacité, et fait place à une autre couleur moins vive, composée d'un soufre plus terrestre et moins subtil. Il est d'ailleurs certain qu'on ne trouve point de couleurs dont le sujet ne soit gras, oléagineux et très combustible. »

Les couleurs

Les philosophes Hermétiques identifient les couleurs qui surviennent à la matière pendant l'opération du grand œuvre, comme les clefs de cet Art, et les indices certains de la vérité et de la bonté de la matière, et du bon régime du feu. Ils en comptent trois principales qui se suivent, mais dont la succession est interrompue par quelques autres couleurs passagères et de courte durée. La première principale est la couleur noire, qui doit se faire voir au quarante-deuxième jour, au plus tard. Elle disparaît peu à peu, et fait place à la blanche. A celle-ci succède la citrine, qu'ils appellent leur or. Enfin, la couleur rouge se montre, et c'est la fleur de leur or, leur couronne royale, etc. Les couleurs passagères sont vertes, elles marquent l'animation et la végétation de la matière ; la grise, ou le règne de Jupiter, suit immédiatement la noire, ou le règne de Saturne ; les couleurs de la queue de paon. La couleur Tyrienne, ou couleur de pourpre, indique la perfection de la pierre.

Si la couleur rouge paraît avant la noire, c'est signe que l'on a trop poussé le feu, l'ouvrage ne réussira pas. Il faut alors recommencer.

La noire est un indice de putréfaction et d'entière dissolution de la matière. Elle doit toujours précéder la blanche et la rouge.

La blanche marque la fixation bien avancée de la matière ; la rouge indique sa fixation parfaite.

Toutes ces couleurs doivent reparaître dans l'opération de la multiplication ; mais elles sont d'une durée d'autant plus courte, qu'on réitère plus souvent les opérations pour perfectionner et multiplier la quantité et les qualités de la pierre.

Lorsque la matière est comme de la poix noire fondue, ils l'appellent le Noir plus noir que le noir même, leur Plomb, leur Saturne, leur Corbeau, etc. Et ils disent qu'il faut alors couper la tête du Corbeau avec le glaive ou l'épée, c'est-à-dire avec le feu, en continuant jusqu'à ce que le Corbeau se blanchisse.

Ces différentes couleurs, que la matière prend en se cuisant, ont donné lieu aux Philosophes d'appeler cette matière de presque tous les noms des individus de la Nature. »

Les couleurs de la nature et la nature des couleurs

Du point de vue de la science moderne, ces opérations ou procédés sont aberrants et totalement absurdes. Mais si l'on interprète ces recettes au plan symbolique, il n'en va pas ainsi.

Les travaux de C.-G. Jung[1] montrent que l'alchimiste effectue une recherche comparable à un rêve et projette en celle-ci le contenu de son âme. Il fait cela inconsciemment. Les opérations alchimiques ont alors comme but de « réconcilier » (« réunir ») la conscience quotidienne ou superficielle et la puissance latente de l'inconscient collectif.

Une telle réconciliation du conscient et de l'inconscient donne naissance à une expérience intérieure qui conduit à l'éveil et à la paix, comme le ferait un Maître.

Si vous « broyez du noir », selon l'expression populaire, vous risquez de vous abandonner au découragement et à la dépression.

Si à ce moment-là, vous vous souvenez ce que signifie le « passage au noir », des alchimistes, vous prenez conscience de vivre une étape (une épreuve) normale, inscrite dans l'ordre des choses. Conscients de vivre une expérience nécessaire à votre évolution, vous serez mieux armés pour affronter l'adversité... et pour en sortir.

En dehors de cette analogie bien utile, parfois, l'approfondissement du symbolisme des couleurs dans l'alchimie nous éclaire sur notre vie intérieure. En effet, dans l'œuvre extérieure de l'alchimie, la nature est la puissance motrice de toutes les transmutations — « l'énergie potentielle » des choses. Dans l'alchimie intérieure, elle apparaît comme la puissance maternelle qui libère l'âme de son état d'existence brute, aride et stérile. Elle est chez l'homme la force du désir, tout en étant quelque chose de plus profond, à savoir la puissance vitale

(1) C.-G. Jung. Psychologie de l'alchimie.

Sous la forme d'une femme et d'un arbre, la Nature sort rajeunie des alambics du Soleil et de la Lune. Les oiseaux sont la « semence » de l'or et de l'argent. Les deux directions de leur vol représentent respectivement la « solution » et la « coagulation ». — D'après le « Manuscrit Alchimique » de 1550, Bibliothèque de l'Université de Bâle.

qui déploie toutes les possibilités latentes de l'âme, indépendamment des désirs de l'ego ou conformément à eux selon que cet ego peut assimiler le pouvoir de la nature ou qu'il devient sa victime. Elle est toujours féminine — qu'elle soit Dame Nature ou, sous son aspect terrible, le Grand Dragon qui rôde à travers toutes choses.

Une certaine interprétation (associée encore de nos jours à l'idée de « nature ») veut que la nature comporte toujours un aspect de contrainte qui la distingue essentiellement de la volonté humaine douée de liberté. Elle possède également ce même aspect dans la perspective alchimique, du moins sous un certain rapport, car il est un degré intérieur de l'œuvre où cette contrainte est transmuée en un rythme cosmique qui, loin d'enchaîner, devient au contraire libérateur ; c'est ce que Dante appelle « l'amour qui meut le soleil et les autres étoiles ». Sur le plan psychologique, ce qui, au début de l'œuvre, apparaît comme une impulsion dangereuse et perturbatrice, devient finalement, par la maîtrise de l'art, une force qui porte la conscience vers des sphères plus élevées. C'est une loi qui se retrouve en toute ascèse véritable et qui distingue celle-ci du puritanisme, car dans la vraie spiritualité il n'est point question de détruire les forces naturelles, mais de les dominer afin qu'elles deviennent les véhicules de l'Esprit. Seule doit être détruite la tendance égocentrique qui dénature ces puissances, qui ne sont en elles-mêmes ni bonnes ni mauvaises. Quand on parle, en psychologie, de « sublimation », on emploie inconsciemment un terme alchimique qui, selon son acception originelle, s'applique bien au processus dont nous parlons. Et cela nous amène à préciser que sans le secours d'un véritable art sacré, aucune « sublimation » des forces passionnelles de l'âme ne saurait vaincre et dépasser définitivement certains antagonismes inhérents à celle-ci. Il est nécessaire que quelque chose de non individuel et d'implicitement divin pénètre dans l'homme, avant que celui-ci puisse sortir du cercle vicieux des volitions individuelles. Cette observation est valable également pour tous les exercices que l'on peut appeler « tantriques », telle que la concentration s'appuyant sur une régulation du souffle ; de pareils exercices ne peuvent pas être détachés du cadre « sacré », c'est-à-dire divinement institués d'un art spirituel.

Il en va de même pour certains moyens en soi ambigus, qui sont destinés à éveiller la puissance intérieure, tel est le cas, notamment, de la contemplation de « Dame Nature » dans la beauté corporelle féminine, méthode pratiquée à la fois dans le tantrisme et dans la chevalerie hermétique.

Sans doute pourrait-on se demander si la distinction habituelle entre un processus « naturel » et l'opération « surnaturelle » de la grâce conserve quelque sens dans la perspective alchimique. La réponse peut être négative si l'on considère que l'œuvre de la grâce ne sort pas du champ de la nature universelle et produit toujours, en outre, quelques répercussions à l'intérieur de l'ordre naturel au sens le plus étroit. Toutefois, une telle distinction se justifie à partir du moment où l'on prend en considération un niveau donné de la nature, dont l'enchaînement « horizontal » peut être surmonté par la grâce qui jaillit de façon soudaine et spontanée, comme l'éclair.

L'expression « nature » embrasse donc un domaine plus ou moins vaste de réalité, selon les cas.

Symbolisme des couleurs dans les principaux groupes ethniques

Chinois

Pour les Chinois, les couleurs, comme d'autres symboles, servent à organiser le monde ; le rouge est associé à l'été et au Sud. Il est aussi la couleur du cœur, du feu et de la joie. Le vert est la couleur du printemps, de l'Est, de la bonté, des muscles et du foie. Le noir : l'hiver, le Nord, les reins ; le blanc allégorise l'automne, l'Ouest, l'agressivité, le deuil, le tigre et les poumons. Le jaune est la couleur du centre.

Les peintres chinois représentent l'eau : noire car l'eau, le noir et le Nord procèdent du même principe. Les magiciens chinois sont vêtus d'habits mi-rouges, mi-noirs, car le Nord et le Sud, dont ce sont les couleurs, représentent l'alternance du Yin et du Yang. Cette opposition rouge-noir joue un grand rôle dans l'architecture.

Au théâtre chinois, le dieu de la guerre a le visage peint en rouge, couleur du sang et des blessures, mais les cartes du nouvel an sont rouges et les pêches rouges sont un présent de mariage car le rouge est aussi la couleur de la joie et de la chance.

Indiens

Les couleurs symbolisent les trois tendances, les trois aspects de la divinité manifestée dans le monde : le noir est Shiva et la tendance destructrice-créatrice (transformation). Le blanc est associé à Vishnou et la tendance conservatrice. Le rouge est Brahma et la tendance active.

L'ensemble des trois teintes forme la nature, décrite comme une chèvre tricolore.

Les trois états correspondant aux propriétés générales de la nature sont :

1 - Sattva, état de calme signifié par le blanc et correspondant à la connaissance claire, directe, parfaite.

2 - Raja, état où les éléments sont en action, signifié par le rouge et correspondant à un horizon brumeux dans le domaine de la connaissance.

3 - Tama, auquel correspond le noir foncé associé à la terre et à la nuit.

Occidentaux

Pour un peintre, tel que Delacroix, les couleurs sont la musique des yeux et se combinent comme des notes. A ce propos, Baudelaire écrit : « Les admirables accords de la couleur font souvent rêver d'harmonies et de mélodies et l'impression qu'on emporte de ses tableaux (Delacroix) est souvent quasiment musicale ».

A partir des peintures de Malévitch « Carré noir sur fond blanc » puis « Carré blanc sur fond blanc » et d'autres œuvres abstraites, on a tenté d'appliquer à la critique d'art les méthodes de la linguistique ; on peut en effet, dans la peinture comme dans le langage, isoler un nombre limité de signes et établir un code : par exemple : noir et blanc sont les signes de l'ombre et de la lumière. A partir des trois couleurs primaires, rouge, bleu, jaune, analogues aux phénomènes des linguistes (les éléments sonores du langage), on obtient toutes les combinaisons possibles. Le noir et le blanc représenteraient les consonnes et les autres couleurs seraient l'équivalent des voyelles.

Nous pouvons donc reproduire le fameux sonnet de Rimbaud « Voyelles ».

A noir, E blanc, I rouge, U vert, O bleu : voyelles
Je dirai quelque jour vos naissances latentes :
A, noir corset velu des mouches éclatantes
Qui bombinent autour des puanteurs cruelles,

Golfes d'ombres ; E, candeurs des vapeurs et des tentes,
Lances des glaciers fiers, rois blancs, frissons d'ombrelles ;
I, pourpres, sang craché, rire des lèvres belles
Dans la colère ou les ivresses pénitentes ;

U, cycles, vibrements divins des mers virides,
Paix des pâtis semés d'animaux, paix des rides
Que l'alchimie imprime aux grands fronts studieux ;

O, suprême Clairon plein des strideurs étranges,
Silences traversés des Mondes et des Anges ;
O, l'Oméga, rayon violet de ses yeux !

En écrivant ce sonnet, Rimbaud s'est-il souvenu d'un alphabet en couleurs sur lequel il aurait appris à lire, ou bien a-t-il voulu construire un système de correspondance entre les sons et les couleurs ?

Une correspondance entre les couleurs et les parfums se manifeste dans la publicité faite pour ces derniers : jaune et brun suggérent luxe, éclat, or, peau, chaleur ; bleu et vert évoquent un rafraîchissement.

Pour Verlaine, les sept couleurs suggèrent les associations suivantes.

En occident, c'est à partir de l'arc-en-ciel qu'a été établie la liste de sept couleurs ; leur nombre, sept, a été retenu à cause du nombre des « planètes » (jusqu'en 1782, où l'on en découvrit une huitième). Le nombre sept est également à l'origine du nombre des jours de la semaine et des notes de la gamme. On sait que l'arc-en-ciel est dû à l'effet du prisme de gouttes d'eau en suspension dans l'air.

Si l'on écarte l'indigo, il reste les trois couleurs simples et les trois couleurs composées, que Delacroix groupait en triangle sur le mur de son atelier, ce qui lui permettait de voir simultanément les couleurs complémentaires. Les sommets du triangle sont occupés par les trois couleurs primaires : rouge, jaune, bleu. Les droites qui les unissent sont occupées par les trois couleurs composées obtenues en mélangeant les couleurs des deux sommets voisins, soit orange, vert, violet. Chacune de ces trois couleurs composées se trouve en face de sa couleur complémentaire. Voir, page 40 le triangle de Goethe, de conception très proche.

Deuxième partie

Test sur les couleurs

Chapitre I

Mesurez votre énergie par les couleurs

— Mesurez votre énergie :

- premier test : avec l'emploi des couleurs
- deuxième test : sans l'emploi des couleurs

Tableau des Chakras

Chakra	Localisation	Couleur	Signification
(1) Muladhara	*Entre l'anus et les parties génitales*	Rouge	*Énergie vitale*
(2) Sadhis-tana	*Sexe*	Orange	*Sexe*
(3) Manipura	*Au niveau du nombril*	Jaune	*Force de Rayonne-ment*
(4) Anahata	*Niveau du Plexus solaire*	Vert	*Foi et amour*
(5) Vishuda	*Gorge*	Bleu ciel	*Capacité de Création Verbe*
(6) Ajna	*Entre les 2 sourcils*	Violet	*Pouvoirs psychiques Intuition*
(7) Sahasrara	*Haut du crâne*	Bleu foncé Indigo	*Conscience*

Test : mesurez votre énergie

Il est possible, grâce à la connaissance des « chakras », de tester ses « points » forts et ses points faibles. Pour cela, nous proposons les tests qui vont suivre, au nombre de deux.

Ces deux tests nous amèneront aux mêmes conclusions, mais le premier nécessite l'emploi de morceaux d'étoffes colorées (mouchoirs en soie) de teintes correspondantes à chaque « chakra ». Le second test quant à lui ne nécessite pas l'emploi de couleurs et les lecteurs qui n'ont pas sous la main de mouchoirs de couleur pourront commencer par celui-ci.

Premier test (avec l'emploi des couleurs)

Des morceaux d'étoffes colorées, de préférence en soie, sont nécessaires, pour mesurer la qualité d'énergie de chacun de vos « chakras ».

L'exercice se fait à deux, celui qui est testé (on l'appellera le « testé »), et celui qui teste (on l'appellera le « testeur »).

1re étape : La préparation

Le sujet étudié est allongé sur le dos, les bras le long du corps, calme et détendu.

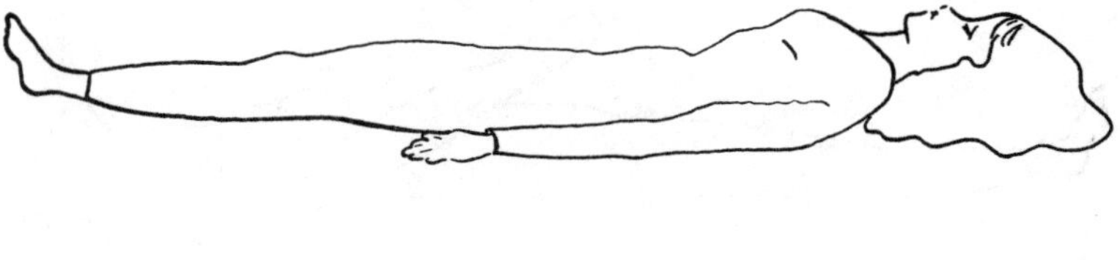

La mesure de l'énergie s'effectue en opérant une pression de la part du testeur sur le bras (au choix ou en alternance) du testé. C'est pourquoi le sujet devra lever un bras, lequel formera un angle d'environ 30 à 35° avec la ligne du sol.

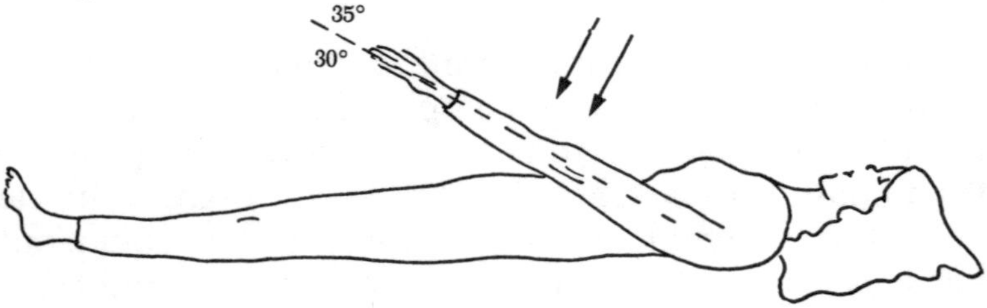

Le sujet testé devra alors résister à la pression qu'opérera le testeur. Cette pression s'entend « de haut en bas ».

Le testeur doit prendre en compte les spécificités physiques du sujet étudié, c'est-à-dire qu'il devra mesurer la résistance « à vide » de celui-ci. On évitera toute brutalité causant la fatigue des muscles du bras du testé.

Tout cela bien compris, il suffira ensuite de poser sur le centre d'énergie l'étoffe correspondant à la couleur qui lui est impartie, et passer ensuite à la seconde étape.

2e étape : Les « mesures »

1re mesure : le chakra Muladhara

— poser l'étoffe de couleur rouge sur le chakra, c'est-à-dire à l'intersection des cuisses, au bas du sexe.

— le testé lève son bras comme indiqué précédem-

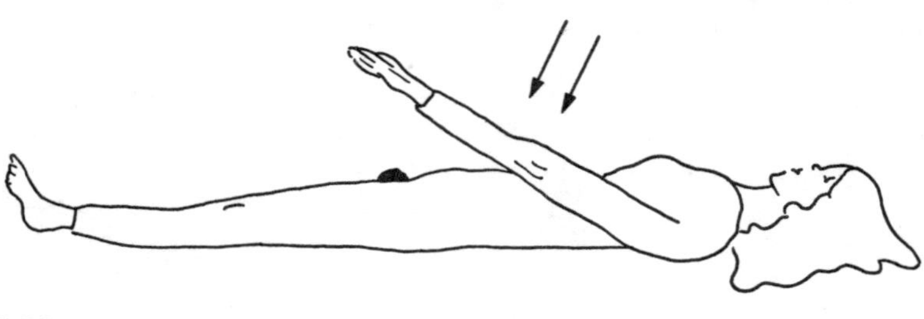

ment, et le testeur exerçant une pression dessus apprécie la résistance du sujet.

— le testeur note la qualité de résistance dans la case concernée du tableau récapitulatif.

***2e mesure** : le chakra Svadisthana*

— poser l'étoffe de couleur orange sur le chakra, c'est-à-dire sur le pubis, au niveau du départ du sexe.

— pour la suite faire comme .pour l'exercice précédent.

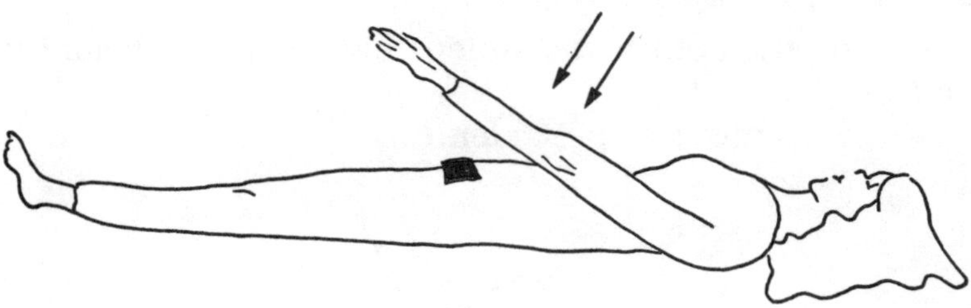

***3e mesure** : le chakra Manipura*

— on pose l'étoffe de couleur jaune sur le chakra, c'est-à-dire au niveau du nombril et on recommence l'opération comme pour les exercices précédents.

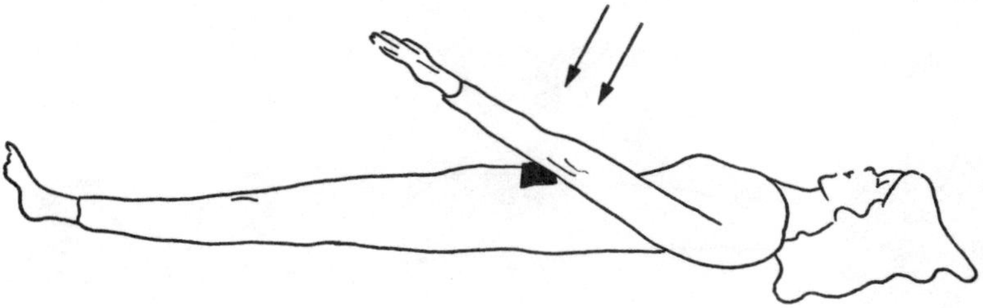

4e mesure : le chakra Anahata

— on pose l'étoffe de couleur verte au niveau du plexus solaire.

— idem mesures précédentes.

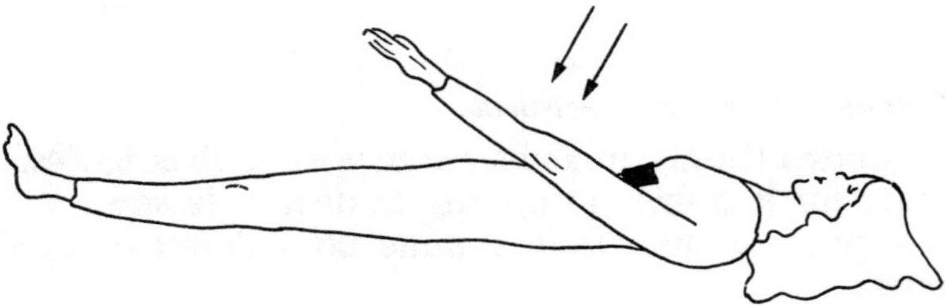

5e mesure : le chakra Visuddha

— on pose l'étoffe de couleur bleu ciel au niveau du cou.

— Idem mesures précédentes.

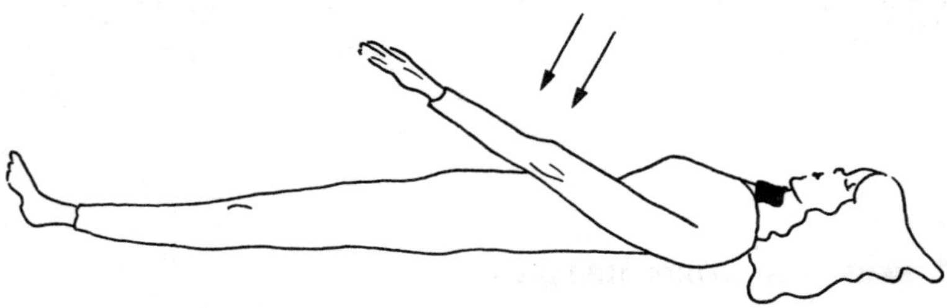

6e mesure : le chakra Ajna

— on pose l'étoffe de couleur violette sur les yeux.

— Idem mesures précédentes.

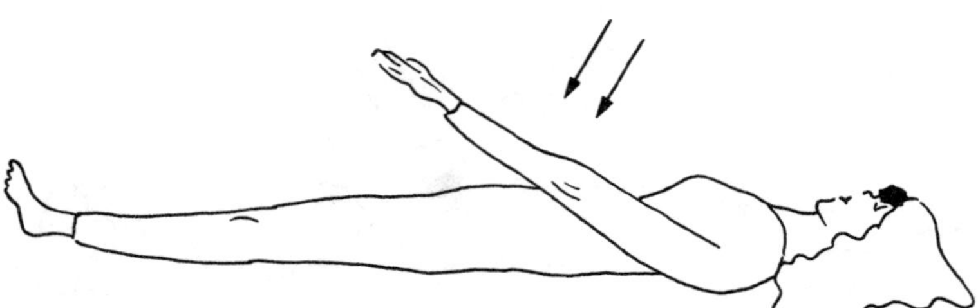

7e mesure : le chakra Sahasrara

— on pose l'étoffe de couleur indigo (bleu nuit) sur la tête.

— Idem mesures précédentes.

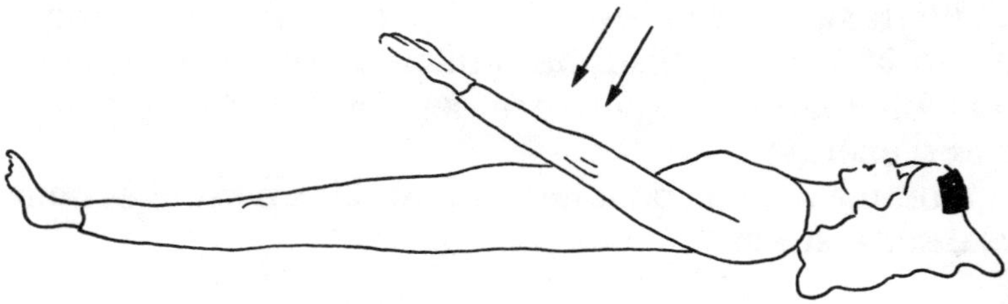

Nous pouvons à présent reporter dans le tableau suivant les indications sur la qualité de chaque centre d'énergie, selon trois catégories : fort, moyen, faible.

Chakras / Qualités	Muladhara	Svadisthana	Manipura	Anahata	Visuddha	Ajna	Sahasrara
Fort							
Moyen							
Faible							

Disposez un point au centre des cases qui conviennent, et vous pouvez éventuellement les relier entre eux, afin d'avoir une courbe graphique.

Remarque :

Notons qu'il est rare d'avoir une courbe uniquement « forte » ou uniquement « faible », en général, on constate à la fois des points forts, moyens et faibles.

Deuxième test

Ce test donne strictement les mêmes résultats que le précédent, mais il ne nécessite pas l'emploi de couleurs. Il est donné à la fois à titre de preuve de l'influence des couleurs sur notre « être », et il permet aux lecteurs qui n'auraient pas de tissus de couleur à portée de main de pouvoir réaliser l'expérience des mesures de leurs centres d'énergie.

Comme le précédent test, il faut deux personnes pour réaliser celui-ci.

1re étape : la préparation

L'esprit du test reste le même, mais ici, le testé se tiendra debout, les pieds écartés d'environ 30 à 40 cm, les bras le long du corps.

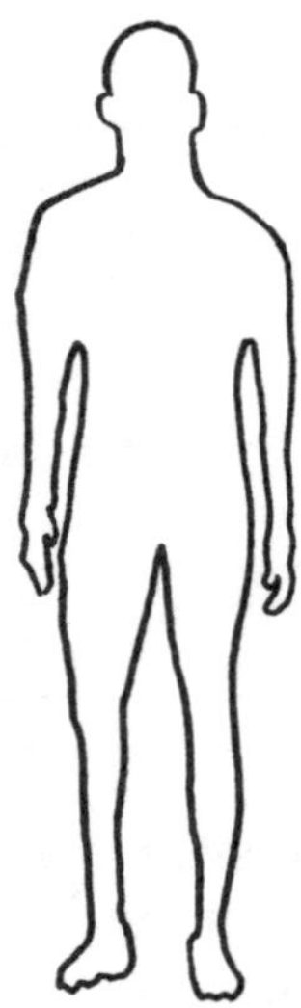

La mesure de l'énergie s'effectue en exerçant une pression sur le bras du testé lequel résiste autant qu'il le peut.

Nous ferons les mêmes remarques que pour le premier test quant à la pression qu'il convient d'exercer sur le bras du sujet testé, en tenant compte à la fois de sa musculature et de la fatigue provoquée par l'expérience.

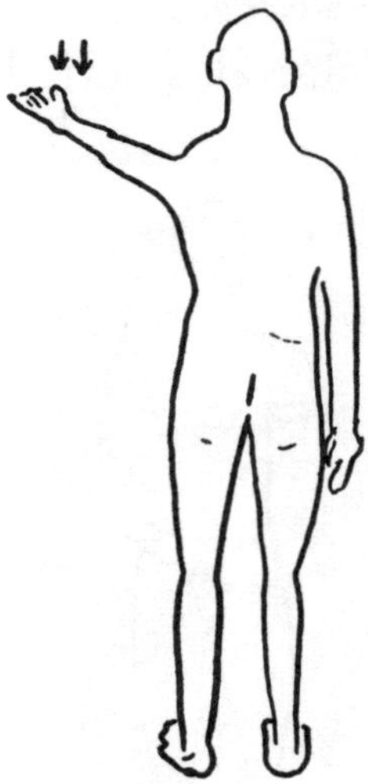

2e étape : « Les mesures »

1re mesure : le chakra Muladhara

Le testé met les doigts du second bras sur le chakra, créant ainsi un contact, c'est-à-dire entre les jambes, au bas du sexe.

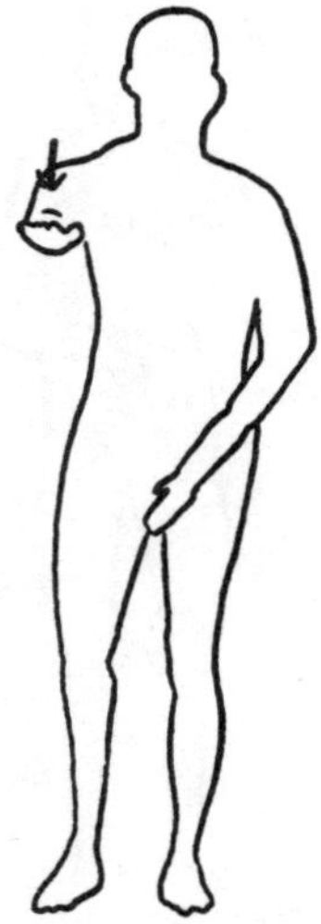

2e mesure : le chakra Svadisthana

Le testé met les doigts de l'autre bras sur le pubis, à la base du sexe.

3e mesure : le chakra Manipura

Le testé pose les doigts du second bras sur le nombril

4e mesure : le chakra Anahata

Le testé pose les doigts au niveau du plexus solaire.

5e mesure : le chakra Visuddha

Le testé pose les doigts au niveau du cou.

6ᵉ mesure : le chakra Ajna

Le testé pose les doigts entre les deux yeux.

7ᵉ mesure : le chakra Sahasrara

Le testé met pose ses doigts sur le sommet du crâne.

Tout comme pour le test précédent, on reporte les résultats constatés dans le tableau suivant, selon que le centre d'énergie s'est révélé être fort, moyen ou faible.

Conclusion :

Chakras / Qualités	Muladhara	Svadisthana	Manipura	Anahata	Visuddha	Ajna	Sahasrara
Fort							
Moyen							
Faible							

Précisions sur les tests « votre énergie et les couleurs »

Ces tests sont très efficaces, car ils révèlent l'équilibre de votre énergie, laquelle est susceptible d'être plus ou moins forte d'un centre à un autre.

Si des lecteurs pensent qu'il peut y avoir un effet psychologique, il leur est possible d'exécuter le premier test en fermant les yeux. Les résultats n'en seront pas modifiés pour autant.

Mais pour en revenir à nos couleurs, nous allons donner dans le tableau suivant quelques correspondances entre les chakras et ce que peuvent éventuellement provoquer les faiblesses de ceux-ci.

Chakra	Troubles possibles dus à la faiblesse de ce chakra	Couleur à utiliser
1 Muladhara	*Désordres du sang, fièvre, inflammations du foie et de la vessie.*	*rouge*
2 Svadhistana	*Manque de vitalité, fatigue, neurasthénie, diarrhée, œdèmes, diabète, anémie.*	*orange*
3 Manipura	*Faiblesse du cœur, problèmes circulatoires, problèmes de l'ossification.*	*jaune*
4 Anahata	*Désordres nerveux, inflammations et affections cutanées, rhumatismes, constipation.*	*vert*
5 Vishuda	*Troubles endocriniens et de la lymphe, vieillissement prématuré.*	*bleu ciel*
6 Ajna	*Coups de froid, maux de gorge, rhumes, blocages émotionnels.*	*violet*
7 Sahasrara	*Troubles mentaux et émotionnels graves, troubles de la vue.*	*indigo*

Ces possibilités sont les cas extrêmes, car ils supposent que les individus répondant aux traits peu élogieux décrits, sont uniquement centrés sur le chakra en question. Dans la réalité, on constate que des défauts sont « rattrapés » par des qualités.

Nous présentons dans le tableau suivant ce que peut apporter la maîtrise de chaque centre d'énergie.

Les Chakras			
Nom	Localisation sur la colonne vertébrale	*Couleur*	*la maîtrise de ce chakra apporte*
Muladhara	entre l'anus et les parties génitales	*rouge*	*autoguérison*
Svashistana	sexe	*orange*	*irradiant*
Manipura	plexus lombaire (nombril)	*jaune*	*recherche de l'illumination altruisme*
Anahata	plexus solaire (cœur)	*vert*	*intuition sensibilité*
Vishuda	gorge	*bleu ciel*	*maîtrise de la faim et de la soif*
Ajna	entre les deux sourcils (3e œil)	*violet*	*pouvoirs psychiques*
Sahasrara	haut du crâne	*indigo*	*joie sentiment de plénitude*

Chapitre II

Quatre tests psychologiques d'approche

— test des quatre couleurs dans un espace carré
— test des vêtements
— test de l'arbre
— test des figures géométriques
— test du paysage urbain

Le test des quatre couleurs dans un espace carré

Une première approche

Le choix d'une couleur dépend presque toujours des circonstances : il est lié au choix d'un vêtement, d'un papier peint pour la maison, d'une peinture pour les placards, de la cuisine, etc. Dans ce cas, le goût pour la couleur et la manière de la disposer ne peuvent pas se donner libre cours totalement. Il faut tenir compte, en effet, de la mode, des effets, de la nature de la chose coloriée, de l'opinion des autres.

Dans ce test, tout ce qui est susceptible d'orienter le choix n'existe plus. Il s'agit de disposer quatre couleurs sur quatre petits carrés qui en font un grand.

Les choix de la couleur et de la place ne seront pas (entièrement) dûs au hasard...

Droite, gauche, haut, bas ont des significations symboliques précises qui relient ces notions spatiales aux profondeurs de notre psychisme. N'en disons pas plus. A vos crayons !...

Disposez chacune des quatre couleurs suivantes : gris, rouge, jaune, bleu sur chacune des quatre portions de ce carré.

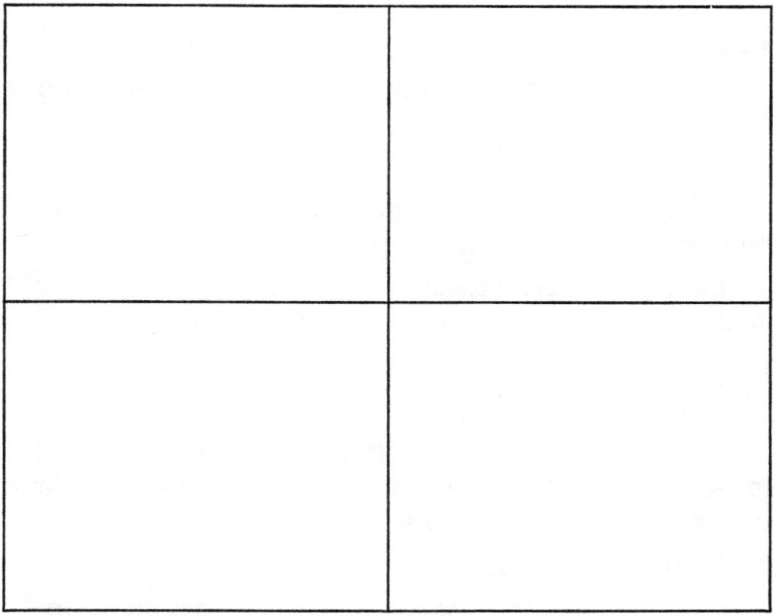

Interprétation

Le carré se compose de quatre espaces : Bas gauche, Bas droit, Haut gauche et Haut droit. Chacune des couleurs révèle un message selon l'endroit où elle est posée. En effet, la division de l'espace a un sens symbolique très fort : en bas, est ce qui repose sur le sol, ce qui existe, Moi. En haut, c'est l'idéal, le projet, l'imaginaire, le rêve, ce que l'on voudrait bien voir exister. A gauche, c'est le passé, l'intériorisation, la mémoire et l'affectivité. A droite, c'est le présent et l'avenir : c'est ce que l'on montre ; l'activité sociale. La plupart des gens sont droitiers : dans la boxe, on attaque avec le poing droit et on se protège avec le gauche. Évidemment, pour les gauchers, il convient d'inverser la signification droite-gauche.

Le symbolisme fondamental de la couleur est orienté par sa disposition dans le carré.

1 - Le gris - en Bas gauche :

Vous n'aimez pas trop que l'on vous regarde, ni que l'on vous interroge.

Le gris - en Bas droit :

Vous évitez soigneusement les conflits et lorsque vous êtes témoin, vous n'aimez pas prendre parti.

Le gris - en Haut gauche :

Vous utilisez toutes les possibilités qui sont en vous pour atteindre un but.

Le gris - en Haut droit :

Vous participez activement à un groupe et vous jouez le rôle du conciliateur et du providentiel de la synthèse qui satisfait tout le monde.

2 - Le bleu - en Bas gauche :

Vous êtes calme et serein... enfin... pas toujours !

Le bleu - en Bas droit :

Votre goût pour la tranquillité et la sécurité vous met à l'abri des aventures périlleuses.

Le Bleu - en Haut gauche :

Fidèle, sensible, mais détendu et énergique. En somme, vos sentiments sont profonds.

Le bleu - en Haut droit :

Lorsque vous êtes en société, vous aimez défendre certains principes

3 - Le rouge - en Bas gauche :

Bonne maîtrise de vous-même, mais attention quand même aux élans irréfléchis !

Le rouge - en Bas droit :

Ne seriez-vous pas un tout petit peu égoïste ? Non ! bien sûr, puisque l'égoïste, c'est celui qui ne pense pas à vous !

Le rouge - en Haut gauche :

Vous aimez commander.

Le rouge - en Haut droit :

Les activités créatrices vous rendent heureux.

4 - Le jaune - en Bas gauche :

Vous réfléchissez beaucoup sur le bonheur et sur la perfection.

Le jaune - en Bas droit :

Vous aspirez à un changement.

Le jaune - en Haut gauche :

Vous aimez les expériences nouvelles.

Le jaune - en Haut droit :

Vous êtes très sociable et vous savez écouter les autres.

Test des vêtements

Les vêtements (eux aussi) sont des signes qui montrent et dissimulent. D'une façon générale, les gens se partagent en deux groupes : ceux qui veulent être regardés et ceux qui veulent passer inaperçus.

L'élégance n'est le privilège d'aucun de ces groupes.

En outre, le choix des vêtements et de leurs couleurs révèle une part de la personnalité.

Choisissez deux vêtements parmi ceux exposés ci-contre et coloriez-les au choix : rouge, jaune, bleu foncé ou vert.

Ensuite, notez les numéros des vêtements coloriés et retrouvez-les parmi les quatre ci-dessous. (L'ordre des numéros n'a pas d'importance).

Réserve : 12 - 13 - 14 - 15 - 17 - 18 - 78
Apparence : 23 - 24 - 25 - 26 - 27 - 28 - 68
Formalisme : 34 - 35 - 36 - 37 - 38 - 56 - 57
Légèreté : 16 - 45 - 46 - 47 - 48 - 58 - 67

Après avoir trouvé ensemble, cherchez votre couleur, celle qui domine, sous la rubrique de l'ensemble.

1 - Réserve

Rouge : vous aimez séduire et attirer l'attention. Vous avez du plaisir à donner, à fasciner, à subjuguer.

Jaune : vous cherchez la sympathie et vous séduisez avec des armes subtiles.

Bleu foncé : vous voulez passer inaperçu pour mieux arriver à vos fins. Vous voulez paraître sérieux et crédible.

Vert : la considération d'autrui est très importante pour vous car elle stimule votre créativité.

ABC des couleurs

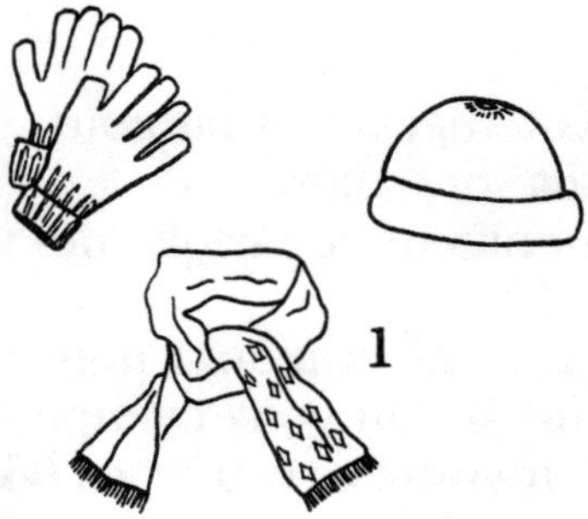

1

2

3

4

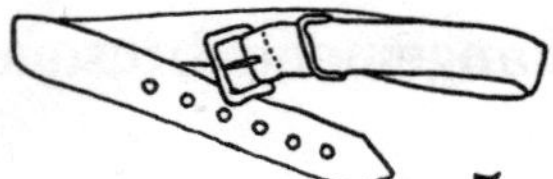

5

6

7

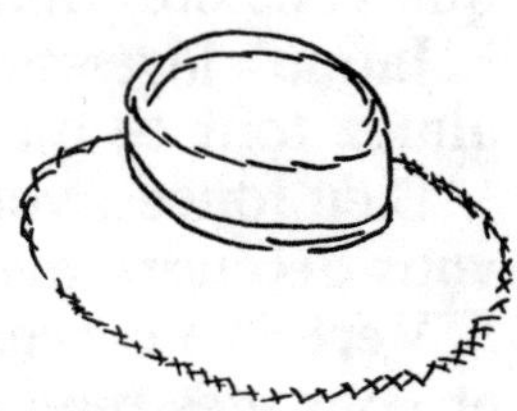

8

2 - Apparence

Rouge : luxe et beauté. Intelligence et humour. Telles sont les qualités qui vous sont chères.

Jaune : vous êtes plutôt ambitieux et parfois vous vous laissez aller à l'envie.

Bleu foncé : cordial, vous l'êtes vraiment mais vous pouvez devenir très méchant si l'on vous trompe.

Vert : vous aimez ainsi le mystère et vous vous laissez facilement éblouir.

3 - Formalisme

Rouge : vous souffrez d'avoir à vous conformer à des règles, mais vous savez en prendre votre parti.

Jaune : vous vous contrôlez bien et pourtant, vous souhaitez être spontané.

Bleu foncé : pour vous, la forme est à l'image du fond. Vous êtes poli et distant et vous hésitez avant d'accorder votre confiance.

Vert : vous n'aimez pas les changements brusques. Vous aimez les traditions.

4 - Légèreté

Rouge : vous n'êtes pas vraiment léger. Vous êtes chaleureux mais vous ne montrez vos sentiments que lorsque vous êtes dans un milieu favorable.

Jaune : légèreté, plaisir, joie, élégance, subtilité : vous aimez tout ce qui n'est ni lourd ni épais.

Bleu foncé : vous êtes plutôt timide mais vous aimez vous détendre avec de vrais amis.

Vert : vous avez l'impression de devoir vous protéger et vous êtes bien souvent sur la défensive.

Test de l'arbre

Êtes-vous vraiment adulte ?

Bien présomptueux est celui qui, sans hésitation aucune, répond par l'affirmative à cette question. La faculté de s'émerveiller et le refus du mal sont perçus bien souvent comme des défauts, et pourtant ces qualités nous aident à voir plus clair.

La question à laquelle ce test répond peut être formulée ainsi : « quelle est la clarté de votre lumière intérieure ? »

Choisissez, parmi les huit arbres représentés ci-dessous, celui que vous préférez et coloriez-le comme vous l'entendez.

Quel arbre avez-vous choisi ?

Arbre n° 1

Votre personnalité n'est pas encore pleinement définie. Pourtant, cette pulsion vers l'avenir représentée par la hauteur du feuillage révèle une grande ambition. Vous êtes attiré par les hauteurs, dans le domaine spirituel, intellectuel ou bien dans le domaine matériel et social. Vous n'avez pas encore atteint vos objectifs.

Marron + vert

Vous avez utilisé du marron pour le tronc et du vert pour le feuillage, cela signifie que vous respectez les conventions.

Marron + vert + autres couleurs

Vous êtes perfectionniste et vous disposez de remarquables facultés de perception et d'imagination.

Autres couleurs que le vert et le marron

Vous êtes révolté par le conformisme ambiant et vous désirez vraiment changer les choses.

Une seule couleur

Vous aimez simplifier et aller vite. Si vous avez choisi comme unique couleur le rouge, le vert, le jaune ou le bleu, vous aimez l'efficacité et la rapidité. Une autre couleur montre de la méfiance et un certain pessimisme.

Arbre n° 2

Vous affectionnez la solidité, les assises larges, les racines… Mais le choix peut traduire aussi une fragilité, une vulnérabilité, une émotivité qui cherchent à se dissimuler sous des symboles évoquant la force.

Marron + vert

C'est la norme. Les caractéristiques devoilées par le choix de la figure sont confirmées.

Marron + vert + autres couleurs

Vous avez ajouté des couleurs pour marquer de votre empreinte personnelle le monde trop uniformisé selon vos goûts. Vous aimez exercer une influence sur autrui. Cela vous rassure sur vous-même.

Autres couleurs que le marron et le vert

Vivacité et exubérance caractérisent votre personnalité. Vous êtes facilement blessé lorsque vous vous heurtez à des opinions différentes des vôtres.

Une seule couleur

Si vous avez colorié à grands traits rapides, en rouge, en bleu, en vert ou en violet, vous avez tendance à vous extérioriser de manière brutale.

Arbre n° 3

Vous êtes décidé et réfléchi. Vous savez vous adapter aux situations et vous avez le sens des relations humaines. Ces qualités en entraînent une autre : vous avez le sens de la synthèse. Vous écoutez, vous triez et recoupez les informations et vous savez conclure. Une curiosité en éveil vous stimule. L'étude, la recherche, la découverte, les mondes inconnus vous rendent heureux.

Marron + vert

Les caractéristiques de choix de l'ombre sont confirmées.

Marron + vert + autre couleur

Une note de fantaisie et d'originalité indique que vous savez aussi ne pas vous prendre trop au sérieux.

Autres couleurs que le marron et le vert

Un goût certain pour les beaux-arts vous incite à vous épanouir dans la création. D'un autre côté, vous aimez vous faire remarquer et brutaliser un peu les préjugés et les certitudes des personnes qui vous entourent.

Une seule couleur

Tendance à l'abstraction. Vous n'aimez pas vous encombrer de détails et de nuances. Vous aimez simplifier et cataloguer.

Arbre n° 4

Vous ramenez les formes à leur plus grande simplicité. Vous êtes une nature simple. Le choix d'un arbre aussi stylisé montre que votre développement n'est pas complètement achevé. Néanmoins, votre goût pour la concision et le rejet que vous manifestez à l'égard des détails inutiles montrent que vous êtes précis et doué pour l'abstraction.

Marron + vert

Ce choix est le plus fréquent et confirme les caractéristiques du choix de l'arbre.

Marron + vert + autres couleurs

Vous manifestez ainsi votre désir d'évoluer et d'explorer dans des directions nouvelles.

Autres couleurs que le marron et le vert

Vous inventez un monde différent de ce que perçoivent les autres. En voyant l'arbre selon votre manière, vous signifiez votre originalité et aussi votre volonté de vous démarquer des idées reçues.

Une seule couleur

Le goût pour la concision est accentué.

Arbre n° 5

D'une manière générale, certains détails vous importent plus que l'essentiel. Ainsi lorsque vous voyez un film, vous retenez plus facilement quelques scènes que l'ensemble de l'histoire. Vous vous enthousiasmez rapidement mais vos élans peuvent être des feux de paille. Sensibles, vifs, vous vous adaptez bien à de nombreuses situations.

Marron + vert

Les caractéristiques ci-dessus sont confirmées.

Marron + vert + autres couleurs

La part fantaisiste de votre personnalité prend le dessus bien souvent. Vous avez le sens esthétique développé

Autres couleurs que le marron et le vert

Vous aimez transformer les normes et vous éprouvez du plaisir à affirmer votre personnalité.

Une seule couleur

Votre désir de vous faire remarquer est actuellement contré par quelque chose ou par quelqu'un.

Arbre n° 6

L'abstraction vous caractérise. C'est un trait de votre caractère que d'autres peuvent percevoir rapidement. Vous avez besoin de tendresse et vous aimez les petites attentions. Vous manquez un peu de confiance en vous et vous êtes souvent sur la défensive.

Marron + vert

Ce choix, conforme aux normes, confirme les caractères ci-dessus.

Marron + vert + autres couleurs

Vous avez besoin de gaieté parce que votre vie vous paraît trop monotone.

Autres couleurs que marron et vert

Vous souffrez actuellement de quelques problèmes d'ordre affectif. Si vous faites un peu plus confiance à votre entourage, cela peut contribuer à résoudre vos problèmes.

Une seule couleur

Si vous avez employé du noir ou du gris, vous êtes en ce moment un peu dépressif. Si vous avez utilisé une autre couleur, vous avez besoin de vous évader de votre vie quotidienne.

Arbre n° 7

Vous aimez les fêtes et vous êtes un boute-en-train. Votre sens de l'humour est développé et votre compagnie est agréable. Vous aimez parler, plaisanter, rire en bonne compagnie. Vous avez besoin d'être entouré. Vos sentiments sont sincères et vous n'aimez pas faire du mal à autrui.

Marron + vert

Il est rare, pour cet arbre, de voir utiliser seulement ces deux couleurs. Si pourtant tel est le cas, vous réfrénez volontairement les caractéristiques décrites plus haut et, très probablement, vous en souffrez.

Marron + vert + autres couleurs

Ce choix confirme l'analyse du caractère associé au choix de cet arbre. Si les boules sont rouges, jaunes, oranges, bleues, votre vivacité est encore plus affirmée.

Autres couleurs que marron et vert

L'excentricité et la fantaisie se déploient d'autant plus librement que vous avez envie de plaisanter. Vous n'êtes pas spontané.

Arbre n° 8

Vous êtes vulnérable. Il est très facile de vous blesser. Votre sensibilité est à fleur de peau. Peut-être, êtes-vous en ce moment un peu déprimé, triste ou mélancolique. Vous avez tendance à vous replier sur vous-même.

Marron + vert

Ce choix confirme l'analyse ci-dessus.

Marron + vert + autres couleurs

Vous êtes sensible et fantaisiste.

Couleurs autres que marron et vert

Vous voulez fuir la réalité parce qu'elle est désagréable et vous avez du mal à réaliser ce projet parce que vous n'avez pas assez confiance en vous.

Une seule couleur

Actuellement, un problème vous obsède et vous concentrez toutes vos forces à le résoudre.

Test des figures géométriques

Êtes-vous réaliste ?

Voyez-vous les choses telles qu'elles sont ? Avez-vous le sens pratique ? Êtes-vous efficace ? Ou bien rêveur, êtes-vous indifférent au monde qui vous entoure ?

	Jaune	Rouge	Vert	Bleu	Noir
	1	2	3	4	5
	6	7	8	9	10
	11	12	13	14	15
	16	17	18	19	20
	21	22	23	24	25

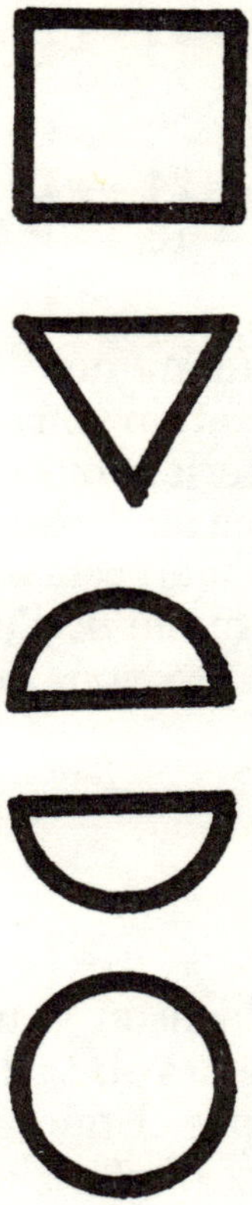

Ce test vous permet de voir plus clair en vous sur ce point précis.

Pour chacun de ces cinq symboles, notez les couleurs que vous préférez. Par exemple, si après avoir choisi le cercle, la première couleur qui vous vient à l'esprit pour la colorier est le bleu, entourez le chiffre 4 sous mention « bleu », et ainsi de suite.

Repérez et entourez les numéros dans les séries suivantes, désignées par une lettre qui vous renvoie à la réponse adaptée à votre cas.

1 — 6 — 11 — 16 — 21 — A
2 — 7 — 12 — 18 — 23 — B
3 — 8 — 13 — 17 — 22 — C
5 — 9 — 14 — 19 — 24 — D
4 — 10 — 15 — 10 — 15 — E

Si vous avez un seul numéro dans chacune de ces séries, chaque interprétation vous concerne pour un cinquième. Si, dans une série, vous avez deux numéros, la lettre vous renvoie à une analyse qui vous concerne pour deux cinquièmes, et si, mais cela est vraiment exceptionnel, vous avez tous les numéros d'une série, alors l'interprétation correspondante vous concerne à cent pour cent !

A — Vous êtes un idéaliste. Vous regardez trop le ciel et vous tombez à cause des obstacles, parfois petits, que vous ne voyez même pas et que vous auriez pu éviter. Par contre, vous voyez haut et loin, et ceux qui, eux, voient bien de près, ont tort de se moquer de vous. Vous suivez une étoile qui vous protégera.

B — Vous êtes ouvert et vous attachez beaucoup d'importance à l'amitié, mais vous avez du mal à affronter les problèmes urgents lorsqu'ils se posent. Vous êtes plutôt optimiste et confiant mais vous ne réagissez pas immédiatement de la manière efficace.

C — Vos idées sont nettes et précises et vous avez le don de solutionner fort et bien des problèmes abstraits. Dans le domaine de la vie quotidienne, vous êtes plus désarmé parce que cela ne vous intéresse pas. Vous êtes davantage un penseur qu'un réalisateur.

D — Vous savez vous défendre si on vous attaque, et pourtant — vous n'êtes pas particulièrement combatif. Vous aimez l'harmonie et détestez les conflits. A cause de cela, vous ne voyez pas toujours les autres tels qu'ils sont. Vous les idéalisez parfois.

E — Vous voulez ignorer les problèmes car vous pensez qu'ainsi ils se résolveront tout seuls !... Ce n'est pas par paresse que vous avez tendance à agir ainsi. C'est parce que vos centres d'intérêt sont ailleurs et vous ne voulez pas perdre votre temps.

Test du paysage urbain

Dans quelles dispositions êtes-vous ?

Chaque test révèle une facette de votre personnalité, mais celle-ci est, dans une certaine mesure, changeante et contradictoire. Changeante parce que les évènements ont une grande influence et stimulent certaines facultés tandis qu'ils diminuent d'autres. Contradictoire parce que chacun d'entre nous porte des aspirations opposées

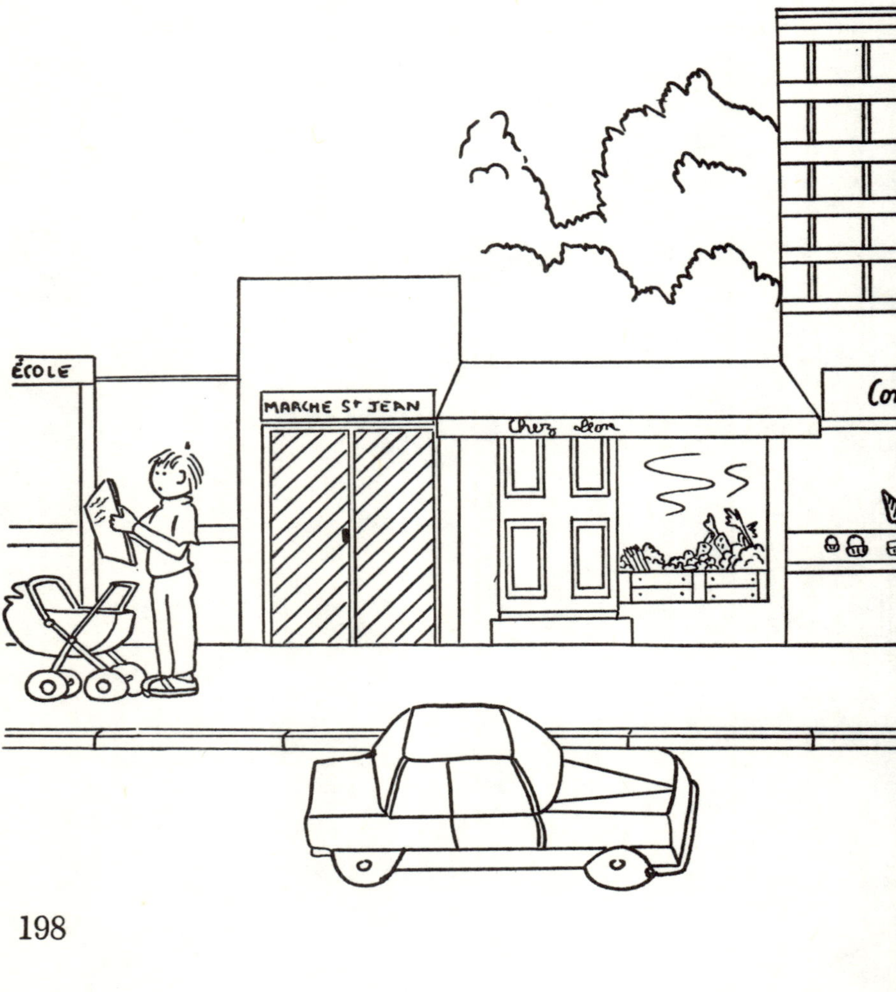

et des potentialités qui, selon les évènements, se manifestent dans une direction ou dans une autre. Ne nous arrive-t-il pas, parfois, d'être injustement méchant alors que nous sommes habituellement juste et bon ? Enfin nous évoluons. L'expérience de la vie fait son chemin en nous et modifie notre manière d'agir.

Ce test est étudié pour éclairer votre personnalité en ce moment même tandis que les autres cherchent à éclairer les tendances profondes et permanentes.

Coloriez selon votre goût, avec les couleurs de votre choix, le paysage ci-après.

	Objets mobiles	Personnes ou animaux	Constructions
Couleurs	Voiture Camion Bicyclette	Chien Maman et son enfant Maman avec landau Cycliste	Maison Magasin Route Trottoir
1 noir			
2 blanc			
3 marron			
4 rouge			
5 vert			
6 jaune			
7 orange			
8 bleu clair			
9 bleu foncé			
10 violet ou mauve			
11 gris			
12 rose			
Total :			

Après avoir colorié ce paysage, consultez le tableau ci-dessus.

Dans chacune des colonnes verticales, des objets sont classés selon un certain ordre. Sur le côté, une série de douze couleurs numérotées de 1 à 12. Notez, dans l'espace réservé pour cela, le chiffre correspondant aux couleurs utilisées. Si vous avez utilisé plusieurs couleurs pour un même objet, notez-les toutes dans chaque colonne, faites le total des chiffres.

Éléments artificiels	Éléments naturels
Vêtements Enseignes et stores Objets de boutique Toit	Ciel

Par exemple : dans la première colonne, vous avez utilisé le noir (1), le rouge (4), le vert (5) et le gris (11), le total de la première colonne sera 1 + 4 + 5 + 11 = 21. Chacune des cinq colonnes a son total propre.

Si, pour chaque colonne, vous avez utilisé toutes les couleurs indiquées (ou approchantes) le total est 78. Si, pour chaque colonne, vous n'avez utilisé que du noir, le total est 1.

Consultez à présent le tableau ci-dessous.

Colonne 1 Objets mobiles		Colonne 2 Personnes ou animaux		Colonne 3 Construction		Colonne 4 Éléments artificiels		Colonne 5 Ciel	
de 1 à 16	1	de 1 à 17	1	de 1 à 20	1	de 1 à 22	1	de 1 à 3	1
17 à 25	2	18 à 31	2	21 à 40	2	23 à 42	2	4 à 8	2
26 à 78	3	32 à 78	3	41 à 78	3	43 à 78	3	9 à 78	3

Dans chaque colonne, en regard de la fourchette correspondant à votre choix, se trouve un numéro de 1 à 3. Entourez-le.

Par exemple, si dans la colonne 1, le total est entre 1 et 16, cochez 1,

Si, dans la deuxième colonne, le total est entre 32 et 78, cochez 3, et ainsi de suite.

Si, dans toutes les colonnes, vous vous êtes servi de nombreuses couleurs et de plusieurs couleurs numérotées, 10, 11 ou 12, vous êtes partout en 3 et le total général est 15. Si, par contre, vous vous êtes servi de quelques couleurs numérotées de 1 à 6, vous êtes partout en 1 et le total général est 5.

Consultez maintenant le tableau ci-dessous.

Total général de	5 à 8	– A
	9 à 12	– B
	12 à 15	– C

A chacun des totaux est attribuée une lettre, A, B, C. L'une d'elles est la vôtre. A présent, deux cas sont possibles : les colonnes 1 et 2 comprennent les objets animés et les colonnes 3 et 4, des objets inanimés (on laisse le ciel de côté).

Si le total des colonnes 1 et 2 est inférieur à celui des colonnes 3 et 4, ajoutez à votre lettre le signe – . Si par contre, ce total est égal ou supérieur à celui des colonnes 3 et 4, ajoutez à votre lettre le signe + .

Vous vous situez maintenant dans l'un des 6 signes suivants : A – , A + , B – , B + , C – , C + .

Il vous reste à présent à consulter les résultats.

A – Vous êtes un peu stressé. Vous avez été contrarié et vous en voulez à certaines personnes. Vous avez parfois du mal à vous détendre. Par contre, vous reprenez vos forces, et, dans le fond, vous avez confiance en vous et vous savez bien que tout s'arrangera avec le temps.

A + Vous comptez beaucoup sur l'argent et sur la chance pour arriver à vos fins. La fatigue se manifeste actuellement mais vous parvenez encore à la dominer et vous jouissez de toutes vos forces.

B – Vous êtes bien dans votre peau et, dans l'ensemble, vous êtes content de vous. Vos problèmes ne vous empêchent pas de poursuivre votre chemin... mais ce qui vous aide, c'est votre faculté de rêver et d'imaginer.

B + Vous êtes plus dur avec vous-même qu'avec les autres. Vous vous astreignez à une discipline rigoureuse mais cela n'est pas toujours perçu favorablement par votre entourage et vous en souffrez.

C – Vous n'êtes pas assez compris par votre entourage. Vos énormes qualités passent trop inaperçues. Faites-les valoir ! Ne vous repliez pas sur vous-même. Affirmez-vous.

C + Vous avez en ce moment du mal à vous adapter aux circonstances, à prendre du recul, à réfléchir. Vos dons d'observation et votre intuition vous aideront à travers les solutions adaptées à vos problèmes.

Chapitre III

Tests psychologiques approfondis

— Test des maisons
— Tests de personnalité
— Test des cercles concentriques
(pour enfants de 2 à 7 ans)
— Test féminin

Le test des maisons

Choisissez une des huit maisons dessinées ci-contre. Peut-être qu'aucune de ces maisons ne correspond à votre idéal, mais, même si tel est le cas, imaginez qu'une de ces huit maisons vous soit offerte, vous devez choisir votre résidence principale parmi elles. Lorsque votre choix est fait, coloriez la maison (toute la maison ou une porte seulement).

Vous avez choisi la maison 1

Vous aimez votre foyer, la chaleur d'une famille unie. Vous appréciez le confort mais non le luxe. Vos goûts sont simples. La tranquillité et la sécurité sont des valeurs que vous placez très haut.

— Vous avez colorié le toit en rouge et les volets en vert ou en marron : vous aimez la tradition, les certitudes transmises de génération en génération. Vous vous méfiez des nouveautés et vous n'aimez pas être bousculé dans vos habitudes.

— Vous avez colorié la cheminée et la fumée, quelle que soit la couleur : les caractères généraux portant sur le choix de la maison sont confirmés et accentués. Vous vous livrez difficilement et vous n'aimez pas vous confier au premier venu. Par contre, lorsque vous avez admis une personne dans votre intimité, vous êtes fidèle dans votre amitié.

— Vous avez colorié la porte d'une autre couleur que celle des volets : vous aimez paraître à votre avantage et vous cherchez les contacts avec les personnes susceptibles d'apprécier vos qualités. Votre tendance à l'égoïsme augmente lorsque vous vous sentez en sécurité, mais s'estompe rapidement si vous vous sentez aimé et soutenu.

— Vous avez colorié les murs en tons pastel (bleu clair, rose, vert clair, beige) : vous êtes une personne douce,

1

2

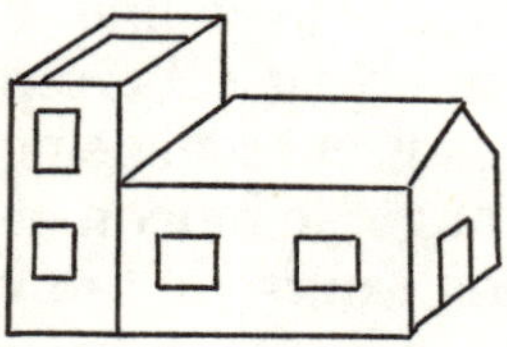

3

4

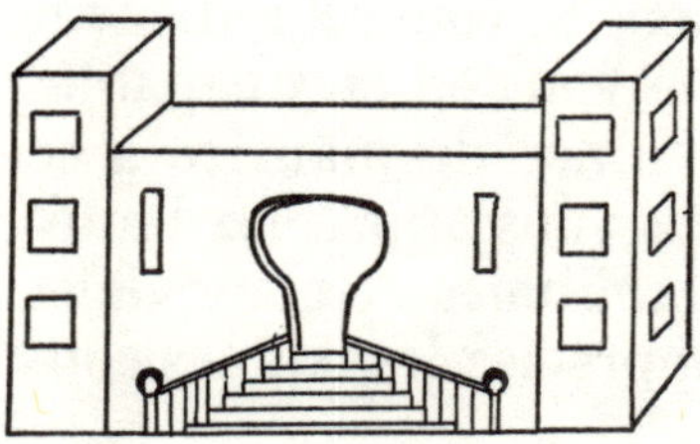

5

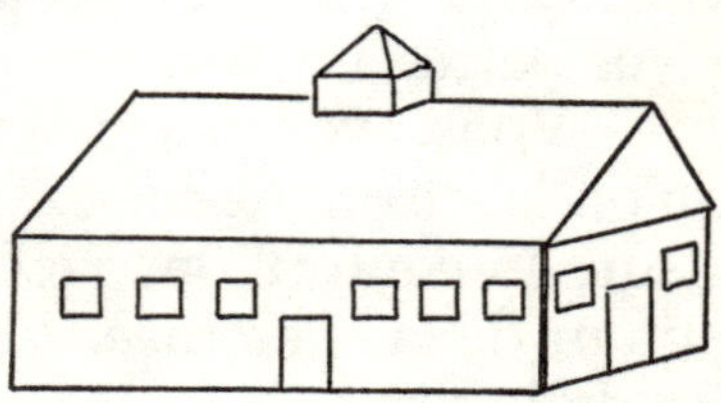

6

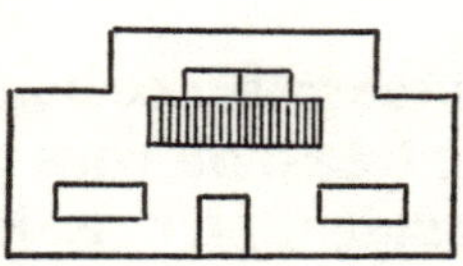

7

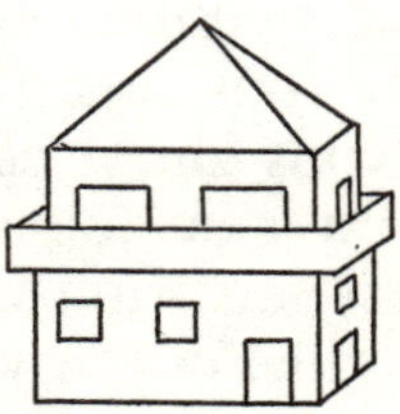

8

un peu rêveuse et capable de fantaisie et d'humour. Néanmoins, vous n'aimez pas vous faire remarquer par une originalité trop marquée ou par un non-conformisme susceptible de choquer vos proches.

Vous avez choisi la maison 2

Vous aimez vous protéger, prendre le temps de « voir venir ». Vous réfléchissez beaucoup avant d'agir et vous vous méfiez de votre propre spontanéité, de vos élans non calculés car il vous arrive assez souvent d'en avoir. De ce fait, vous luttez souvent contre vous-même. Plus que le confort, vous appréciez le « standing », la respectabilité, et vous estimez ceux qui réussissent socialement.

— Vous avez colorié le toit en rouge, le balcon et les marches de la porte d'entrée en gris : outre le fait que les caractères généraux sont confirmés, on peut dire que vos rapports avec les autres sont empreints de méfiance. Par contre, vous êtes capable, sur un « coup de tête », de commettre une imprudence, voire de faire une folie. Quelles qu'en soient les conséquences, vous retombez sur « vos pattes » et vous savez que vous en êtes capable.

— Vous avez colorié la cheminée de manière à ce qu'on la distingue bien du toit : vous appréciez l'intérieur, le confort, les veillées familiales et conviviales autour de la cheminée. Vous appréciez les bonnes choses de la vie.

— Vous avez colorié les murs avec un ton clair et le toit d'une autre couleur que le rouge : *vous êtes curieux, d'un savoir désintéressé.* Vous aimez voyager, découvrir, écouter. Vous avez probablement une bonne bibliothèque et vous aimez collectionner.

— Vous avez colorié le balcon en marron : ce balcon, point d'observation au-dessus de l'entrée d'où vous pouvez surveiller et voir venir, vous l'imaginez en bois, identique à ceux des chalets de montagne. Vous aimez la nature, l'espace, la liberté. Vous êtes aussi sociable et appréciez une bonne compagnie. La chaleur marque vos goûts profonds : un foyer chaud, l'amitié et l'amour sincères, le confort et la sécurité symbolisés par le foyer.

Vous avez choisi la maison 3

Vous aimez bien les autres, mais il vous faut votre coin, où vous pouvez vous isoler et mener une autre vie, plus secrète et plus libre. Vous éprouvez le besoin de prendre vos distances, parfois. Romantique, cérébral, vous vous interrogez souvent sur vous-même et vous aimez analyser les autres. Plutôt réservé, vous aimez converser sur des sujets d'intérêt général. Les conversations concernant les personnes et les incidents de la vie quotidienne vous ennuient.

— Vous avez colorié le toit en rouge : la tradition, l'authentique, le naturel sont des mots qui vous plaisent. Ils sont chargés pour vous de connotations positives et évoquent des images agréables et rassurantes.

— Vous avez colorié portes et fenêtres d'une couleur plus vive que celle des murs, ou bien vous les avez coloriées tandis que vous avez laissé les murs blancs : les problèmes causés par les relations avec autrui vous font parfois souffrir parce que vous êtes très sensible et plutôt susceptible. Vous attachez beaucoup d'importance à l'estime que l'on vous porte, et pourtant vous vous en défendez en feignant l'indifférence.

— Vous avez colorié le toit en teinte sombre : il est bien possible que vous ayiez subi récemment une blessure affective et vous en êtes affecté. Vous voulez réfléchir à votre situation et vous n'êtes pas actuellement disposé à l'optimisme. Pourtant, votre sens de l'humour vous aidera à mieux voir et plus loin, car ce sens précieux, vous l'avez, surtout si les autres couleurs de la maison (s'il y en a) sont claires.

— Vous avez colorié le tout d'une teinte différente de celle de la maison : les caractères généraux portant sur le choix de cette maison sont confirmés et accentués...

surtout en ce moment ! Vous avez besoin de votre « tour d'ivoire » ! Vous avez envie et besoin de voir d'autres personnes que celles qui vous sont familières, de voyager, de pratiquer un « hobby », bref, de sortir de la routine quotidienne.

Vous avez choisi la maison 4

Vous êtes exigeant avec les autres ! Il n'est pas sûr que vous le soyiez avec vous-même. Vous avez une excellente opinion de vous-même, peut-être justifiée par la réussite de vos projets, mais qui risque de vous aveugler et de vous conduire à commettre des erreurs. Vous n'êtes pas très spontané et vous voulez donner l'image d'une personne toujours maîtresse d'elle-même.
Vous êtes généreux et empreint de noblesse mais, sensible aux apparences, vous risquez de méconnaître un véritable ami et d'honorer de vos faveurs de faux amis.

— Vous avez colorié la terrasse et les murs d'une seule couleur claire : vos idées et vos sentiments sont réfléchis et vous êtes sincère avec vous-même.
Vous n'extériorisez pas vos émotions mais vous avez bonne mémoire.

— Vous avez colorié la balustrade d'une teinte plus foncée que le reste : vous vous interrogez beaucoup sur vous-même et vous êtes souvent angoissé. Vous vous renfermez et n'aimez pas extérioriser vos sentiments. Pourtant, vous n'êtes pas reconnaissant envers les personnes qui font l'effort de vous approcher et de vous aimer bien que vous fassiez peu pour les aider.

— Vous avez colorié les fenêtres et la terrasse : les caractères généraux sont confirmés, surtout pour ce qui concerne la générosité. Si la couleur choisie est le bleu, vous avez une forte tendance à l'idéalisme et vous ressentez le besoin de vous dévouer au service de nobles causes. Si la couleur est rose, vert pâle, vous êtes plutôt rêveur et doux... mais attention à l'eau qui dort ! Il y a en vous une part imprévisible qui peut surgir et étonner ceux qui vous connaissent. Une énergie fantastique est actuellement sans emploi. Si elle se manifeste, vous êtes capable de remuer des montagnes.

Si vous avez colorié les murs en rose et vert pâle, sans toucher à la balustrade, ni aux fenêtres, ni à la porte, ce qui vient d'être dit précédemment s'applique avec une précision importante ; ce que vous faites actuellement ne vous procure pas toutes les satisfactions que vous attendez. C'est pourquoi vous n'utilisez pas toutes vos ressources.

Vous avez choisi la maison 5

Imagination, ouverture, fantaisie, goût de la grandeur, du spectacle, du décorum, amour de la vie ; optimisme, mais aussi orgueil (ce qui peut ne pas être négatif) caractérisent les personnes qui désirent habiter cette maison. Vous aimez recevoir et vous êtes disponible. Vous préférez le luxe au confort. Vous êtes sûr de vous-même.

— Vous avez colorié la grande porte : alors tout ce qui vient d'être dit prend une dimension... aristocratique ! Surtout si vous avez eu le désir de dessiner le contenu de la porte ! Vous n'avez aucun sens pratique, mais vous savez apprécier l'allure des actes, la finalité desdits actes ayant moins d'importance. C'est en cela que vous êtes un aristocrate, plus soucieux de l'élégance du geste que de son bien-fondé.

— Vous avez colorié les murs et les terrasses des trois blocs de la maison avec une même teinte : vous aimez la rigueur et la cohérence. Vous êtes plutôt, comme on dit : « tout d'une pièce ». Vous contrôlez votre créativité et vous ne vous laissez pas aller à choquer, car le plaisir de plaire compte beaucoup pour vous.

— Vous avez colorié les murs et les terrasses des trois blocs de la maison avec des teintes différentes : vous vous protégez dans les tours, à l'abri des regards et des visites intempestives. Là, vous rechargez vos batteries et vous créez. Vous n'aimez pas la routine, ni les habitudes, les gestes sans cesse répétés. Vous avez besoin de fantaisie et peut-être même de diversion.

Vous avez colorié soigneusement le perron : celui-ci, élargit, vers l'extérieur, le théâtre des entrées et des sorties. Qui monte ? Qui descend ? Qui se croise ? C'est là où se passe l'essentiel. Vous aimez le mouvement, l'imprévu. Vous excellez dans les manœuvres d'approche ; faire la cour, analyser quelqu'un, séduire. C'est sur le perron que vous manifestez l'essentiel de vos qualités.

Les murs sont d'un ton plus soutenu que le perron : vous êtes hospitalier et bienveillant envers les inconnus. L'essentiel se passe dans la maison et non plus en dehors. Autour d'une table agréablement garnie, vous aimez parler de sujets d'ordre élevé, et vous appréciez les bonnes plaisanteries, l'humour, la fantaisie.

Vous avez choisi la maison 6

Vous êtes une personne sérieuse, calme, pondérée, et vous aimez vivre en communauté : soit une grande famille, soit un groupe de personnes réunies par la communauté des idées. La solitude, vous n'aimez pas ! Par contre, vivre avec des personnes qui partagent les mêmes convictions ou les mêmes intérêts (atelier d'art, communauté religieuse ou philosophique), ça, c'est votre idéal.

— Vous avez colorié le toit en rouge (et le petit toit de la petite fenêtre sur le toit) : vous ressentez le besoin de vous détendre. Vous vous sentez bien dans votre peau mais vous aspirez au repos. Vous aimez les valeurs sûres, la tradition, les idées claires et les certitudes bien nettes.

— Vous avez colorié le toit en une autre couleur que le rouge et les murs en bleu : vous aimez vivre dans une atmosphère amicale, détendue, qui correspond à votre tempérament. Dès que vous le pouvez, vous retournez dans votre famille et faites un saut à la campagne ou à la montagne, car vous avez besoin de pureté ou de sérénité. Vous partagez ces escapades avec des êtres chers car vous aimez partager vos plaisirs.

— Vous avez colorié les portes et les fenêtres d'une couleur plus soutenue que celle des murs et du toit : le goût de l'effort soutenu et persévérant vous caractérise et vous honore. Vous êtes stable, profond, réfléchi, tenace. Vous cherchez la compagnie de personnes sérieuses et calmes qui aiment leur travail. Vous ne vous intéressez que fort peu aux évènements extérieurs. Ils ne sont pour vous que des détails sans importance et indignes de votre attention.

— Vous avez colorié le toit en couleur sombre et les murs en jaune : dans ce cas, ce qui est dit ci-dessus est précisé et nuancé par votre très fort besoin de l'estime d'autrui.

— Les couleurs de la petite niche sur le toit sont différentes de celles de la maison : il y a chez vous un petit coin réservé. Vous éprouvez le besoin de vous isoler de temps en temps pour réfléchir, créer, recharger vos batteries. Il faut que vous rompiez périodiquement avec vos habitudes.

Vous avez choisi la maison 7

Extraverti et dynamique, actif, curieux, créatif, l'habitant de cette maison est du type « campeur ». Jamais vraiment installé, prêt à partir, il passe une bonne part de son temps sur le balcon à scruter l'horizon, à la recherche d'un endroit où aller. Le goût des relations simples et sans manières le caractérise.

— Vous avez colorié la maison en jaune : le désir de changement est actuellement très fort en vous. Vous êtes las de la vie que vous menez. Votre optimisme et votre énergie vous aideront à réaliser vos désirs.

— Vous avez colorié la maison en bleu : vous êtes rêveur, doux et plutôt calme. Vous rêvez d'un environnement harmonieux et vous détestez les conflits. Vous avez tendance à être un éternel insatisfait.

— La couleur du balcon est marron, ou d'un ton plus soutenu que les murs : un endroit pour observer sans vraiment participer, c'est ce qu'il vous faut. Vous êtes heureux sur le balcon. Vous portez des jugements sur les autres, mais vous ne souhaitez pas vraiment participer à leurs efforts.

— Vous avez colorié la maison en rouge : vous aimez vous distinguer de la masse et prouver que vous êtes le meilleur. Vous vous astreignez à une discipline rigoureuse qui impressionne votre entourage et l'inquiète. Avide de tendresse, vous voulez séduire.

— Vous avez colorié la maison en violet : vous avez du mal à vous adapter à une activité répétitive et ordinaire. Il vous faut une activité propre à mettre en valeur votre intuition. Étudiez les mystères de la nature. Approfondissez la philosophie. Pratiquez les beaux-arts, afin de montrer aux autres ce qu'ils ne savent pas voir et que vous, vous regardez.

— Vous avez colorié la porte avant toute chose : vous avez des problèmes dans vos relations avec les autres. Vous n'êtes pas compris, pas apprécié à votre juste valeur.

Vous avez choisi la maison 8

Tout autour de cette maison, un balcon permet de guetter l'extérieur. C'est ce qui la caractérise. Vous avez choisi cette maison parce que vous craignez les mauvaises surprises. Vous avez déjà dû souffrir à cause des autres et vous voulez vous protéger. Cette maison est aussi grande (deux étages), confortable bien que conventionnelle, et elle a deux portes apparentes, chacune sur une façade différente. L'habitant est un homme plutôt timide, mais d'une énergie étonnante. C'est avant tout un créatif. Il a besoin d'espace et de tranquillité pour réaliser son œuvre.

— Vous avez colorié le toit en rouge et le balcon en marron : vous aimez le confort intellectuel procuré par des certitudes sans failles. Vos jugements sur les hommes et sur les idées sont généralement tranchés, rarement nuancés.

— Vous avez colorié le toit avec une couleur sombre : fantaisie, goût de la fantaisie, ou nostalgie de la fantaisie ? Voyez clair avec vous-même. Vous avez envie de rompre avec la routine quotidienne, non pas en fuyant, mais en accomplissant une action d'éclat. Ce qui vous attire, dans le mot « fantaisie », c'est la prouesse de « possibles improbables », c'est-à-dire d'évènements inattendus et impensables selon les critères de la raison.

— La façade est jaune ou rose, les fenêtres et la porte sont coloriées avec des tons plus soutenus : vous attendez mais vous n'agissez pas beaucoup pour que vos désirs se réalisent. D'où vient cette passivité ? Peut-être d'une trop grande confiance en un avenir meilleur inéluctable ? Il n'est pas impossible que vous soyiez vraiment protégé, et que vos désirs s'accomplissent, mais il est plus prudent d'appliquer ce vieux conseil : « Aide-toi, le ciel t'aidera. »

— Le balcon, les fenêtres et les portes sont coloriés en tons clairs : la sérénité intérieure qui vous habite est un peu contradictoire avec votre inquiétude, mais elle la tempère. Vous ne reniez pas la tradition, mais vous avez le sentiment d'être écartelé entre deux mondes. Quels mondes ? Ce peut être, pour certains, votre milieu d'origine et celui qui vous absorbe à présent ; ce peut être, pour d'autres, le travail et le loisir qui peuvent se trouver en compétition ; enfin, ce peut être aussi (et plus ou moins pour tous), le rêve et la réalité.

Les tests de personnalité

La volonté et le désir

Ce que nous savons des couleurs et de l'aura nous permet de prendre conscience d'un fait important : la couleur est associée à notre personnalité. Une couleur nous plaît ou nous déplaît selon qu'elle est en harmonie avec nos vibrations. Les associations de couleurs, de teintes, de valeurs peuvent être combinées à l'infini. De même, chacun de nous diffère, d'une certaine manière, des autres. Il en va de même au plan physique : bien que nous soyions tous bâtis selon le même schéma, nous différons les uns des autres, au moins par quelques détails. Un sosie parfait en tout point est rarissime.

Aussi il nous faut simplifier et classer les caractères selon des « types ». Le classement le plus connu nous vient des Sages de l'Antiquité. Ils distinguaient le bilieux et le sanguin, le nerveux et le lymphatique. Ce classement est confirmé par l'expérience. Aucun de nous ne peut être classé exclusivement dans l'une de ces catégories Néanmoins, une tendance prédomine.

Les « bilieux » sont des personnes énergiques, violentes parfois, bien disposées pour l'action mais souvent emportées et impulsives.

Les « sanguins » aiment la vie, la bonne chère, les plaisirs. Ils sont souvent enthousiastes, parfois superficiels.

Les « nerveux » sont plutôt inquiets, éternels angoissés, ils sont susceptibles et fragiles. Ils aiment bouger et aspirent à être autre chose que ce qu'ils sont et à être ailleurs que là où ils sont.

Les « lymphatiques » sont calmes, flegmatiques. Leurs réactions sont lentes. Ils prennent le temps de réfléchir.

Ils sont difficiles à troubler. Les bilieux sanguins sont plus actifs que les nerveux lymphatiques. Par contre, ces derniers sont réfléchis et plus solides.

Bilieux et sanguins aiment les tonalités vives et brillantes. Les nerveux et lymphatiques préfèrent les tons sombres ou neutres.

Une personne parfaitement maîtresse d'elle-même saurait agir de manière à laisser prédominer en elle l'une ou l'autre tendance, selon la nécessité. En effet, il faut éprouver des émotions mais il faut également savoir les calmer. Il faut agir et il faut aussi réfléchir. Il faut dépenser de l'énergie et il faut également apprendre à la reconstituer et à l'économiser. Cette « maîtrise » de soi est rendue difficile à cause des désirs et des besoins que nous ne pouvons satisfaire. La nature et la société répriment de nombreux désirs et laissent souvent de réels besoins insatisfaits. Ces frustrations nous font mal. Aussi notre corps réagit : certaines glandes secrètent trop, la tension artérielle monte. Cela provoque des troubles physiologiques et notre cerveau ne parvient plus à mettre de l'ordre dans toutes les fonctions de l'organisme. L'anxiété s'installe. Nous devenons agressifs ou bien, au contraire, nous nous abandonnons à l'inertie et à l'indifférence.

Il est difficile de bien se gérer à cause des frustrations qui entraînent un comportement irréfléchi. Pour y parvenir, il faut bien se connaître et pour bien se connaître, il faut déterminer quelles sont les frustrations qui nous font le plus souffrir ou qui, si elles ont été oubliées (ce qui est fréquent), laissent des séquelles graves.

Le test que nous proposons permet de découvrir la nature de nos désirs profonds. Mais, direz-vous, je n'ai pas besoin de faire un test pour savoir ce que je désire ! Je sais ce que j'aime et je sais ce que je veux !

Détrompez-vous. C'est justement parce que vous croyez cela que vous avez parfois un comportement aberrant et que vous agissez à l'encontre de votre véritable intérêt.

Chaque être humain a un conscient et un inconscient. Le problème vient du fait que le conscient et l'inconscient ne sont pas toujours d'accord.

L'inconscient se manifeste dans la vie quotidienne par des actes manqués. Un acte manqué peut être un geste imprévu, « automatique » qui contrarie le geste réfléchi et décidé consciemment. Ce peut être une parole dite, sans le vouloir, à la place d'une autre (un « lapsus »).

Certains de vos désirs profonds ont été tellement réprimés que vous n'osez plus vous les avouer à vous-même. Vous les avez refoulés, c'est-à-dire chassés de vos préoccupations conscientes. Mais, semblable au feu qui couve sous la cendre, le désir refoulé, enfoui dans vos profondeurs, est toujours vivant. Chassé de votre mémoire, il agit dans l'ombre et guette le moment opportun pour surgir au grand jour et s'imposer.

Même s'il ne parvient pas à triompher, ce désir gêne toute l'action susceptible de le contrarier.

On dit souvent de quelqu'un qui exerce une profession ou qui entreprend quelque chose : « il n'est pas fait pour ça ».

On dit cela parce que, de l'extérieur, on voit mieux ou, plus exactement, on pressent mieux. On peut « vouloir » quelque chose et « désirer » tout à fait autre chose. Lorsqu'on échoue, c'est parce que l'on n'a pas mis toutes les chances de son côté, c'est-à-dire lorsqu'on ne s'est pas entièrement mobilisé pour réussir. Notre grand ennemi est en nous-même. Notre plus grand ami également. Il réside dans la part inconsciente de nous-même, là où fermentent les souvenirs et les désirs refoulés, les sollicitations dictées par le code génétique, bref, tout ce qui est une part de nous-même et que nous ignorons. C'est une force puissante. Si nous savons ne pas la contrarier et l'utiliser à bon escient, alors, nous disposons d'un allié efficace et nous pouvons prétendre au bonheur.

Ce test des couleurs donne des indications sur les désirs

et sur les répulsions. Certains, parmi ces désirs et ces répulsions, sont parfaitement conscients. Ils vous permettent de vous reconnaître et d'aller plus loin dans l'exploration de votre personnalité.

Le test des couleurs

Installez-vous sur une table blanche, vide de tout objet. Si la table n'est pas blanche, couvrez-la d'une nappe blanche ou d'une grande feuille de papier blanc. Reproduisez les huit cartes ci-dessus et colorées-les. Vous avez sous vos yeux huit couleurs : noir, rouge, vert, violet, bleu, jaune, marron et gris. Choisissez la combinaison de deux couleurs qui vous plaisent le plus et posez les deux cartes à votre droite. A votre gauche, posez la combinaison de deux couleurs qui vous déplaisent le plus. L'ordre des deux couleurs de chaque combinaison n'a pas d'importance.

Trouvez dans le tableau suivant vos deux combinaisons, l'agréable et le désagréable. Chaque choix possible est coté par une lettre et un chiffre. Cette cote renvoie à l'interprétation.

Résultat du test des couleurs

Les deux couleurs positives (agréables)

L'ordre des couleurs n'a pas d'importance

Il y a 28 combinaisons possibles, cotées par une lettre et un chiffre.

noir jaune A1	gris - jaune B1	marron - jaune C1	violet - jaune D1
noir rouge A2	gris - rouge B2	marron - rouge C2	violet - rouge D2
noir - vert A3	gris - vert B3	marron - bleu C3	violet - bleu D3
noir - bleu A4	gris - bleu B4	marron - violet C4	violet - vert D4
noir - violet A5	gris - violet B5	marron - vert C5	
noir - marron A6	gris - marron B6		
noir - gris A7			

rouge - jaune E1	bleu - vert F1	vert - jaune G1
rouge - bleu E2	bleu - jaune F2	
rouge - vert E3		

Les deux couleurs négatives (désagréables)

L'ordre des couleurs n'a pas d'importance

noir - jaune A1	gris- jaune B1	marron - jaune C1	violet - jaune D1
noir - rouge A2	gris - rouge B2	marron - rouge C2	violet - rouge D2
noir - vert A3	gris - vert B3	marron - bleu C3	violet - bleu D3
noir - bleu A4	gris - bleu B4	marron - violet C4	violet - vert D4
noir - violet A5	gris - violet B5	marron - vert C5	violet - vert C5
noir - marron A6	gris - marron B6		
noir - gris A7			

rouge - jaune E1	bleu - vert F1	vert - jaune G1
rouge - bleu E2	bleu - vert F2	
rouge - vert E3		

La double combinaison par lettres

Les combinaisons agréables et les combinaisons désagréables ne peuvent avoir une couleur en commun. Elles peuvent donc se rapprocher ainsi, la première se rapportant à la combinaison positive, la deuxième à la combinaison négative.

AB	AB	CA	DA	EA	FA	GA
AC	BC	CB	DB	EB	FB	GB
AD	BD	CD	DC	EC	FC	GC
AE	BE	CE	DE	ED	FD	GD
AF	BF	CF	DF	EF	FE	GE
AG	BG	CG	DG	EG	FG	GF

Il y a 42 doubles combinaisons.

Interprétation

Double combinaison dont la positive est A

Le noir figure dans la combinaison positive. Vous passez facilement et souvent de l'euphorie à la déprime. Des souvenirs désagréables surgissent brutalement dans votre mémoire, parfois au moment où vous les attendez le moins. Vous luttez surtout avec vous-même et vous avez tendance à être sévère à la fois envers vous et envers autrui.

A1 - noir-jaune : une tension créatrice vous libère (provisoirement) de votre angoisse. Vous aimez entreprendre et cherchez l'originalité.

A2 - noir-rouge : attention à l'impulsivité et aux actes irréfléchis.

A3 - noir-vert : vous cherchez l'approbation d'autrui pour vous rassurer sur vous-même.

A4 - noir-bleu : vous avez besoin de calme et de détente.

A5 - noir-violet : tendance égoïste. Veillez à tenir compte des désirs de vos proches, lorsqu'ils contrarient les vôtres. Si vous n'y parvenez pas, isolez-vous quelque temps et faites le bilan de votre vie. Sinon, vous risquez de provoquer chez autrui de l'agressivité contre vous.

A6 - noir-marron : attention à ne pas trop désirer les biens matériels. Ce désir trop intense peut vous rendre fragile. Une activité sportive ou un dérivatif intellectuel vous fera du bien.

A7 - noir-gris : vous avez tendance à refuser la communication et à vous isoler. C'est parce que vous avez été blessé et vous craignez de l'être encore.

Les doubles combinaisons nuancent l'interprétation des combinaisons positives.

AB — (noir en positif, gris en négatif) : vous refusez l'idée même de défaite.

AC — (noir en positif, violet en négatif) : vous avez envie de vous dévouer mais vous n'êtes pas absolument certain de savoir pourquoi, ni envers qui.

AE — (noir en positif, rouge en négatif) : tendance à la combativité. Besoin d'action.

AF — (noir en positif, bleu en négatif) : vous avez tendance à vous remettre en question et à douter.

AG — (noir en positif, vert en négatif) : tendance à la passivité et à la résignation.

Double combinaison dont la positive est B

Le gris, mélangé de noir et de blanc, indique que vous désirez ne pas vous faire remarquer. Vous cherchez la tranquillité et vous n'aimez ni les conflits ni l'aventure.

Si vous avez couplé le gris et le noir, reportez-vous à A7 pour nuancer cette interprétation.

B1 (gris - jaune) : attention à l'hésitation. Tendance à temporiser, ou alors, à vous abandonner sans réfléchir à n'importe quelle sollicitation.

B2 (gris - orange) : tendance à l'instabilité et aux sautes d'humeur.

B3 (gris-vert) : vous êtes assez rêveur et vous pensez que, demain, vous trouverez la solution idéale à tous vos problèmes.

B4 (gris - bleu) : vous vous sentez incompris et peut-être aussi mal aimé. Ne dramatisez pas et soyez plus gai. Ainsi, cela s'arrangera.

B5 (gris - violet) : ayez moins peur de vous confier.

B6 (gris - marron) : vous vous sentez menacé dans votre sécurité. Vous cherchez des appuis.

Doubles combinaisons

BA (gris positif, noir négatif) : attention à la passivité. Vous avez tendance à vous soumettre sans réagir aux coups du destin et à accepter la loi d'autrui.

BC (positif, marron négatif) : besoin d'activités nouvelles.

BD (gris positif, violet négatif) : attention à ne pas vous confier au premier venu.

BE (gris, rouge négatif) : tendance à l'intransigeance. Essayez d'être plus indulgent envers les autres.

BF (gris, bleu négatif) : vous souffrez de remettre à plus tard des projets qui vous feraient plaisir.

BG (gris positif, vert négatif) : vous avez tendance à douter de l'affection ou de la considération que les autres vous portent.

Double combinaison dont la positive est C

Le marron, couleur du bois, indique, s'il figure dans votre choix positif, que vous êtes adapté comme il faut au milieu ambiant. Vous souhaitez une réussite matérielle et vous manifestez de bonnes aptitudes pour le travail.

C1 (marron - jaune) : tendance à la curiosité et goût pour les mondanités, les sorties, les voyages, etc.

C2 (marron - rouge) : vous êtes prudent et plutôt agressif. Attention à ne pas chercher à imposer vos opinions à tout prix. Vous risquez de vous faire des ennemis.

C4 (marron - violet) : tendance à la sensualité qui risque, si vous n'y faites attention, de vous gêner.

C5 (marron - vert) : vous vous sentez frustré au plan de la connaissance. Vous voulez en savoir plus sur des tas de choses et vous regrettez de n'avoir pas passé assez de temps à étudier.

Pour : marron - gris et marron - noir, se reporter respectivement à B6 et A6.

CA — marron positif, noir négatif : pour votre sécurité, vous êtes prêt à faire de nombreuses concessions

CB — marron positif, gris négatif : vous êtes satisfait de ne pas avoir à entreprendre d'activités nouvelles.

CE — marron positif, rouge négatif : vous êtes assez sûr de vous et vous le montrez souvent.

CF — marron positif, bleu négatif : vous cherchez la détente dans la compagnie de personnes qui vous comprennent et vous estiment.

CG — marron positif, vert négatif : votre joie de vivre suscite la sympathie.

Double combinaison dont la positive est D

Vous aimez être apprécié, vous recherchez l'approbation et l'estime. Pourtant, vous avez besoin d'indépendance. Aussi vous êtes écartelé entre le besoin d'aimer et d'être aimé et le désir d'être totalement libre et indépendant. Vous aimez donner mais vous supportez difficilement les contraintes.

Violet - noir : reportez-vous à A5.

Violet - marron : reportez-vous à A4.

Violet - gris : reportez-vous à B5.

D1 — violet - jaune : désir d'aventure et d'évasion.

D2 — violet - rouge : vous passez facilement de la conciliation à l'agressivité. Attention aux réactions émotionnelles. Elles peuvent déconcerter votre entourage.

D3 — violet - bleu : tendance à idéaliser et à refuser de voir ce qui est désagréable.

D4 — violet - vert : tendance à l'inquiétude. Vous hésitez souvent. Vous freinez vos élans et vous en souffrez.

DA : méfiez-vous de la tendance à culpabiliser votre désir d'indépendance. La culpabilisation peut vous entraîner à agir de manière à vous nuire.

DB — violet - gris : vous refusez d'admettre vos échecs et, par conséquent, d'en analyser les causes. Or, tout échec porte en germe une réussite future. Pour que cela soit vrai, il faut le savoir et regarder le passé sans honte.

DC — violet - marron : la vanité est une tentation dangereuse. Elle étouffe l'esprit. Si vous réussissez à sourire de vous-même, vous donnerez la pleine mesure de vous-même.

DE — violet - rouge : vous aimez la vie. Elle vous rendra cet amour si vous apprenez à ne jamais céder à une pulsion haineuse ou agressive.

DF — violet - bleu : vous souffrez parfois d'être incompris et traité injustement. Soyez bienveillant envers tous. Cela vous rendra plus fort et plus heureux.

DG — violet - jaune : goût de l'audace. La qualité que vous placez au-dessus de toutes les autres est le courage.

Double combinaison dont la positive est E

Force, vitalité, énergie, goût de la lutte et de la compétition, voilà ce que suggère votre préférence pour le

rouge. Vous êtes un lutteur et vous aimez la compétition.
Rouge - noir : reportez-vous à A2.
Rouge - gris : reportez-vous à B2.
Rouge - marron : reportez-vous à C2.
Rouge - violet : reportez-vous à D2.

E1 — rouge - jaune : un excès d'énergie risque de vous inciter à vous lancer inconsidérément dans des entreprises trop difficiles. Toute réussite vous invite à prendre de nouveaux risques. Vous avez besoin de vous lancer des défis.

E2 — rouge - bleu : l'ambiance calme et le goût de l'harmonie vous invitent à vous montrer tolérant et bienveillant.

E3 — rouge - vert : vous n'êtes pas un sédentaire ! Vous aimez le mouvement, les voyages, les contacts nouveaux.

Double combinaison dont la positive est F

Bleu, le ciel, le rêve, le dépassement, l'infini. Vous êtes tolérant. Vous aimez autrui, vous appréciez l'amitié, le calme, les plaisirs intelligents, les beaux-arts et les belles lettres, les bonnes lectures. En général, les personnes qui aiment le bleu n'aiment pas blesser. Elles contrôlent leurs émotions ou, du moins, cherchent à les contrôler. Si vous manquez de temps pour rêver, planer et réfléchir, vous souffrez.
Bleu - noir : reportez-vous à A4.
Bleu - gris : reportez-vous à B4.
Bleu - marron : reportez-vous à C3.
Bleu - violet : reportez-vous à D3.
Bleu - rouge : reportez-vous à E2.

F1 — bleu - vert : vous êtes un optimiste. Vous aimez la nature et vous faites confiance facilement.

F2 — bleu - jaune : nette tendance à oublier les déceptions. Vous risquez de répéter les mêmes erreurs.

FA : vous aimez commander, diriger, influencer. Vous êtes prêt, pour arriver à vos fins, à faire de nombreux sacrifices.

FB : tendance à donner trop de poids à l'estime d'autrui.

FC : vous vous êtes fixé une ligne de conduite et rien ne peut vous en faire dévier.

FD : les sentiments dominent parfois la raison. Veillez à cultiver l'esprit critique, sinon, vous vous laisserez trop facilement influencer.

FE : vous avez tendance à n'être jamais satisfait. Vous attendez toujours autre chose et plus. Cela, parfois, vous rend agressif.

FG : vous aimez participer à de grandes causes humanitaires et désintéressées.

Double combinaison dont la positive est G

Vous n'aimez pas entrer en conflit avec vos proches. Votre comportement est plutôt réservé, parfois timide. Vous ne voulez pas choquer mais, secrètement, vous désapprouvez souvent les actes et les paroles d'autrui. Vous appréciez la solitude et la nature.

Vert - noir : reportez-vous à A3.

Vert - gris : reportez-vous à B3.

Vert - marron . reportez-vous à C5.

Vert - violet : reportez-vous à D4.

Vert - rouge : reportez-vous à E3.

Vert - bleu : reportez-vous à F1.

Vert - jaune : tendance à la modestie qui peut éventuellement vous inviter à calquer votre comportement sur celui d'une personne que vous avez choisie comme modèle. Vous vous sentez facilement coupable lorsque vous êtes en conflit ou que vous commettez une erreur même légère. Vous êtes scrupuleux et vous accordez un grand prix à la confiance que l'on place en vous.

GA — vert - noir : vous aimez les certitudes et les valeurs « sûres » que vous ne remettez pas en question.

GB — vert - gris : goût de la franchise. La loyauté, pour vous, est la valeur suprême.

GC — vert - marron : soyez attentif ! Un goût exagéré de la « netteté », de la « propreté », de la « pureté » peut vous faire oublier le sens des nuances, nécessaire pour contruire un jugement sain.

GD — vert - violet : vous éprouvez une antipathie spontanée à l'encontre des personnes qui cherchent à tout prix l'approbation.

GE — vert - rouge vous n'aimez pas la violence. Vous appréciez l'ordre et le calme.

GF — vert - bleu : vous estimez la précision, l'exactitude et la ponctualité. Vous voulez être réaliste et vous appréciez le sens pratique.

Un test pour les enfants de deux à sept ans

Ce test permet de découvrir les tendances et les goûts des jeunes enfants et ainsi, de mieux les aider et les guider.

Faites-les colorier un cercle divisé en 8 cercles concentriques comme page ci-dessous.

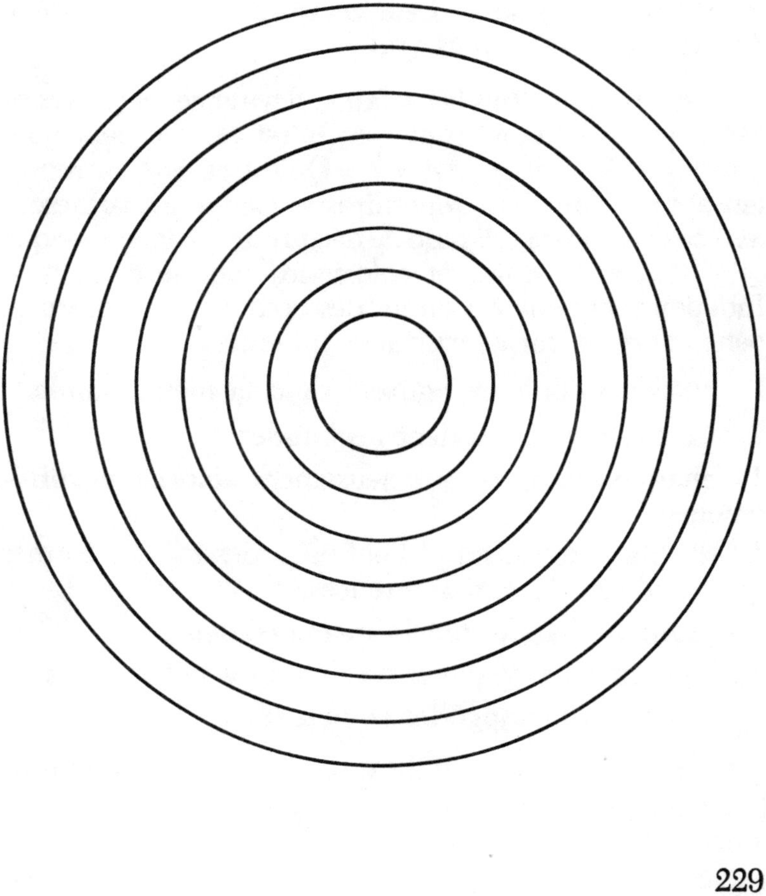

Confiez-leur huit crayons de couleurs : noir - gris - violet - brun - vert - bleu roi - rouge vif et jaune d'or, et *sans leur donner aucune recommandation,* dites-leur de colorier ces cercles. Laissez-leur un temps indéterminé. Dites-leur seulement de vous montrer le coloriage lorsqu'ils en seront satisfaits. S'ils sont insatisfaits, donnez-leur un nouveau cercle et détruisez le brouillon devant eux. Ou bien, s'ils le demandent, donnez-leur une gomme.

Les enfants ne sont pas spontanément disposés à colorier des formes abstraites. Ils préfèrent reproduire des couleurs « vraies » sur des images représentant des choses et des êtres vivants. Leur plaisir de colorier procède du désir de « faire plus vrai ».

Aussi, presque tous les enfants, devant ces cercles concentriques, demanderont : « Qu'est-ce que cela veut dire ? » « A quoi ça sert » ? « Qu'est-ce que ça représente ? » Il faut leur répondre : « Ces ronds représentent ce que tu veux. Essaie de découvrir toi-même ce que cela peut représenter et colorie-les comme tu veux ». Indépendamment du choix des couleurs, le coloriage peut avoir les caractéristiques suivantes :

1 - plusieurs couleurs figurent dans la même bande.

2 - les couleurs débordent les bandes.

3 - chaque bande est soigneusement coloriée et différenciée.

4 - du blanc est laissé et l'enfant a dessiné des formes qui traversent les circonférences.

5 - plusieurs bandes ont la même couleur.

6 - l'enfant ne s'est pas servi de toutes les couleurs.

7 - l'enfant a mélangé les couleurs.

Certaines de ces possibilités peuvent se coupler. Ainsi, par exemple la sixième et la septième avec toutes les autres.

Cas numéro 1

Ce cas traduit une certaine inquiétude, qui peut être l'effet de difficultés de communiquer. Chaque bande est isolée de son contexte, traitée comme un tout en soi, indépendante des autres. Elle a sa propre vie.

Cas numéro 2

Il est rare que ce débordement soit volontaire. Il traduit la difficulté de maîtriser ses gestes. Chez les tout jeunes, cela est normal. Chez les plus âgés (cinq à sept ans), cela peut révéler l'existence de problèmes relationnels et affectifs.

Cas numéro 3

Le mental de l'enfant est bien organisé. Il construit en tenant compte des formes et des limites. Il intègre le dessin donné à une création personnelle. Si plusieurs couleurs figurent dans la même bande, l'interprétation du cas n° 1 s'ajoute mais se nuance. La coexistence du cas n° 3 et du cas n° 1 traduit un don pour la créativité, l'imagination et un tempérament indépendant.

Cas numéro 4

Un tempérament fougueux, spontané, indépendant et rebelle. Cela peut être le signe d'une personnalité riche. Cet enfant peut être difficile, peu docile ou capricieux. Il ne faut pas réprimer ces tendances mais, bien au contraire, en tirer profit en lui procurant les moyens de s'exprimer et de créer : dessin, musique, expression orale, rédaction.

Cas numéro 5

La prédominance d'une couleur donne plus de poids à l'interprétation que nous donnons plus loin sur le choix de la couleur. Au niveau du dessin, cela peut traduire soit une certaine indépendance d'esprit, soit la distraction. Parfois, l'enfant aura débordé une bande et, ne voulant pas effacer, soit par paresse, soit par impatience, aura colorié la bande voisine avec la même couleur. Chez les plus jeunes cet acte traduit le pouvoir de se juger soi-même et de poursuivre un travail sans se bloquer à cause d'une difficulté. Cela est de bon augure pour le développement de la personnalité.

Cas numéro 6

L'enfant a rejeté une ou plusieurs couleurs. Comme dans le cas où une couleur prédomine, cela signifie quelque chose.

Se reporter plus loin sur le sens du choix des couleurs utilisées.

Cas numéro 7

Très forte tendance créative. A partir de ce qui existe, l'enfant crée de nouveaux effets. Si ce cas coexiste avec le troisième, nous avons à faire à une personnalité forte et particulièrement douée et équilibrée.

Attention ! — Les enfants qui manifestent des troubles et des difficultés à organiser leur coloriage ne sont pas forcément « inférieurs »...

Ces difficultés proviennent presque toujours de problèmes d'ordre affectif. Plus que tous les adultes, l'enfant a besoin de se sentir aimé et protégé. Les plus sensibles aux discordances du milieu ambiant sont souvent les plus intelligents et les plus émotifs. Ils réagissent plus mal, bien souvent, et sont plus vulnérables.

Le choix des couleurs

Rappel des couleurs : noir, gris, violet, brun, vert clair, bleu roi, rouge vif, jaune d'or.

Les introvertis et les extravertis

Dans la vie, certaines personnes s'extériorisent facilement. Elles réagissent immédiatement lorsqu'elles s'estiment agressées. Elles ne dissimulent pas leurs pensées ni leurs émotions. Elles préfèrent l'action à la réflexion. Ces personnes sont dites « extraverties ».

D'autres, au contraire, intériorisent. Celles-là réagissent intérieurement et ne montrent pas leurs sentiments. Elles approfondissent leurs idées et préfèrent la réflexion à l'action. On dit qu'elles sont « introverties ».

Les introvertis ne se mettent en colère que lorsqu'ils sont poussés à bout. Par contre, ils sont souvent rancuniers. Ils « ruminent » leurs frustrations. Ces tendances fondamentales peuvent être décelées, surtout chez l'enfant, par le choix des couleurs. Par contre, chez les adultes, cela est moins évident. La raison en est simple : les adultes ont un passé et de nombreux souvenirs. Leurs goûts en matière de couleur sont influencés par ce qu'ils ont vu et par ce qu'ils ont oublié. Ils peuvent associer une couleur à un objet, à une personne, à un évènement. Aussi le choix d'une couleur pourra, chez les adultes, être associé à un souvenir dont le contenu est étranger à la signification symbolique de la couleur.

Exemple : une personne a eu, dans sa chambre d'enfant, une mappemonde où les continents et les pays étaient différenciés par les couleurs. Elle a rêvé de voyages et d'évasions devant cette mappemonde. Une lecture ou une conversation a attiré son attention sur un endroit géographique particulier. Ce souvenir est oublié, totalement occulté. Par contre, cette personne réagit positivement à la vue de la couleur qui couvrait cet endroit sur la mappemonde. Elle a oublié la raison de ce choix. Aussi, l'interprétation de son goût peut être erronée. C'est pourquoi nous avons mis en jeu des combinaisons et non des couleurs isolées pour éliminer, autant que possible, ce risque, dans le test pour les adultes. Les enfants, eux ont moins de souvenirs et il est plus facile de les déterminer.

Pour cette raison, on doit demander à l'enfant, s'il a privilégié une couleur dans son coloriage ou s'il en a rejeté une, pourquoi il a agi ainsi. Il répondra peut-être : « Parce que c'est la couleur du chat », « Parce qu'un tel s'habille ainsi », « Parce que c'est la couleur de ceci ou de cela ». On découvrira ainsi ses sympathies, ses antipathies, ce qui l'intéresse et ce qui ne l'intéresse pas. S'il répond : « Parce que c'est beau » ou « Parce que j'aime ça », on peut alors, avec moins de risque d'erreur, découvrir ses tendances.

S'il a privilégié le noir, le gris, le violet ou le brun, c'est un introverti.

Maturité, immaturité

La maturité est la faculté de réfléchir, c'est-à-dire de juger selon une pensée construite. Cela implique que l'on est capable de faire une distinction entre ce qui est « objectif » et « subjectif ». Est « objectif » un jugement fondé sur l'observation. Est « subjectif » un jugement fondé sur un sentiment personnel. Exemple : « un carré est une figure ayant quatre côtés égaux » est un jugement objectif. « Je trouve le carré moins beau que le rectangle » est un jugement subjectif. Dans « objectif », il y a « objet ». Dans « subjectif », il y a « sujet ». L'objet est ce qui existe en dehors de soi. Le sujet, c'est soi-même, le « moi », qui regarde et qui s'exprime.

La maturité se mesure à la capacité de distinguer l'objet du sujet et à la capacité de se poser soi-même comme « objet » lorqu'on porte un jugement où intervient le « Je ». Beaucoup d'adultes sont immatures. On les reconnaît à leur incapacité de faire cette distinction. Ils prennent leurs impressions personnelles pour la vérité absolue. Ils tranchent sans nuance. Ainsi, par exemple, ils disent : « Ce n est pas beau », « Ce n'est pas bien ».

Une personne mûre dira : « Cela ne me plaît pas » et expliquera ses raisons. Elle ne confondra pas ses impressions avec la réalité. Elle se posera la question ! « Qu'est-ce que la beauté ? » et analysera son propre comportement relativement à cette notion. Elle se posera elle-même comme objet de sa réflexion.

L'immature a réponse à tout et ne répond jamais : « Je ne sais pas », en matière de beauté et de goûts. Le mature, lui, s'interroge et nuance ses propos.

Il est normal que l'enfant soit immature. Néanmoins, certains manifestent, très tôt, une qualité de réflexion. Il faut découvrir ces enfants et les aider car il sont généralement plus sensibles que les autres et ils souffrent si on les traite en « bébés ».

Le coloriage des cercles concentriques permet une conversation sur les couleurs qui met facilement en évidence la maturité. Si un enfant répond : « Je ne sais pas pourquoi j'ai choisi telle couleur », ou bien : « Elle me plaît », au lieu de « Parce que c'est beau », il est évident que cet enfant réfléchi est en avance sur son âge. Néanmoins, on ne s'arrêtera pas à cette seule réaction pour juger. A la réponse : « Parce que c'est beau », il faut objecter : « Pourquoi c'est beau ? ». Si l'enfant s'obstine à répondre : « Parce que c'est beau » et manifeste une certaine irritation, il faut essayer d'aller plus loin : « Pourquoi toi, trouves-tu cela beau ? », « Si un autre ne trouve pas cela pas beau, a-t-il tort ? » etc.

Ainsi on stimulera la réflexion et on l'aidera à acquérir la maturité. On l'éveillera à l'intelligence.

Test féminin

Madame, avez-vous du cœur ?

Pour désigner l'affectivité, le langage courant utilise son symbole : le cœur. Que d'expressions savoureuses où le mot cœur prend tantôt le sens de liberté, de conscience, comme dans les locutions : avoir du remords au cœur, parler la main sur le cœur, avoir le cœur à l'ouvrage, prendre une chose à cœur ; tantôt celui de bienveillance : accepter de bon cœur, souhaiter de tout cœur, si le cœur vous en dit ; de persuasion : aller droit au cœur ; de rancune : cela me reste sur le cœur ; de sincérité et de générosité : avoir le cœur sur la main. Posséder la paix du cœur prend le sens de sincérité, suite d'une conscience en paix. Innombrables sont les expressions où le mot cœur est pris dans le sens de mouvement d'âme, d'humeur, de sentiment, voire de passion. Il s'agit principalement de dispositions intimement liées aux relations humaines : avoir du cœur ou manquer de cœur, drame de cœur, cœur aride ou avide, être femme de cœur.

En résumé, on peut définir le cœur, symbole de l'affectivité, comme étant l'aspect le plus intime et le plus fondamental de la vie psychique, en tant que siège des sentiments, des émotions, des passions, des attitudes, des convictions et de la conscience.

Or, tous les sentiments s'évaluent entre deux extrêmes, l'agréable et le désagréable. Généralement on appelle plaisir ou joie tout ce qui est agréable, et peine ou douleur, tout ce qui est désagréable. Une autre distinction se superpose : on accorde aux sentiments de la grandeur ou de la politesse. Sont réputés grands les sentiments provoqués par des considérations d'ordre intellectuel, religieux, esthétique. Sont réputés inférieurs les sentiments provoqués par une sensation, comme ceux provoqués par la saveur d'un mets, la douleur d'une brûlure, le parfum d'une fleur.

Enfin les troubles de l'affectivité se présentent sous la forme de mélancolie ou de dépression, lorsque les impressions désagréables prédominent ; d'exaltation ou exagération maladive de l'humeur gaie, lorsque les impressions agréables débordent les facultés de jugement ; d'apathie, absence de réaction émotionnelle, indolence, langueur dont l'extrême opposé s'appelle surexcitabilité.

Les circonstances, bien sûr, modifient le tempérament. Néanmoins, il existe des tendances profondes. Ce test les révèle comme suit :

— l'émotivité, c'est-à-dire la facilité plus ou moins grande avec laquelle une situation donnée déclenche un état affectif ;
— l'intensité de l'état affectif (faible, moyen, fort) ;
— la profondeur des sentiments. Cela n'est pas l'émotivité. Est profonde la personne qui ressent des sentiments jusqu'à l'intimité de son âme. (Une personne peut être émotive sans être profonde ; dans ce cas, les sentiments demeurent en surface) ;
— la tonalité de la vie affective qui désigne la qualité des sentiments : stables ou instables, de tonus gai et optimiste, accompagnés d'une impression de bien-être, de contentement, de liberté, ou bien de tonus triste et pessimiste.

L'émotivité, l'intensité, la profondeur, la tonalité peuvent être fortes, moyennes ou faibles.

Mode d'emploi : ces tendances se situent sur la ligne médiane « faiblesse-force » et, par conséquent à gauche, au milieu ou à droite du carré indiqué en pointillé. La tonalité se situe en haut, au milieu ou en bas car elle indique du bien-être ou du mal-être.

Exemple :

E = émotivité　　P = profondeur
I = intensité　　T = tonalité

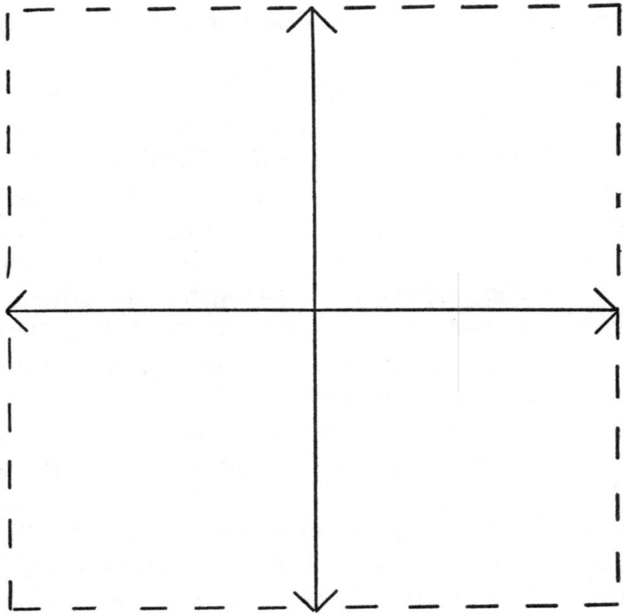

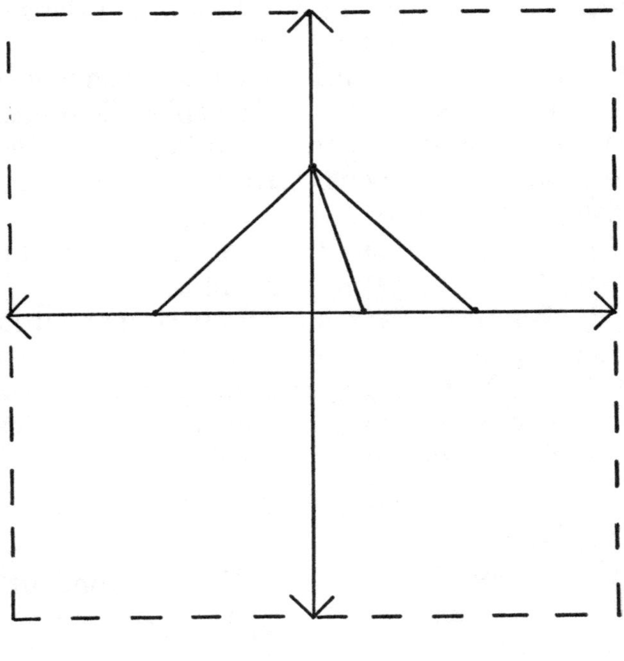

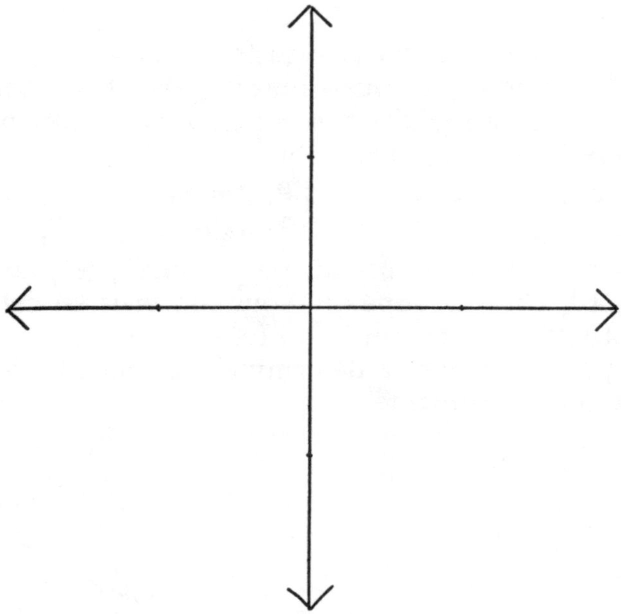

Ces deux triangles accolés montrent une personne stable, profonde, optimiste et gaie qui réagit en surface. Elle extériorise peu ses sentiments, mais les ressent profondément et intensément.

Nous diviserons chaque ligne du tableau en 4 parties égales.

L'émotivité (E), l'intensité (I) et la profondeur (P), nous les poserons là où sont placés les chiffres sur la ligne horizontale. La tonalité (T) sera placée à la place de l'un des chiffres situé sur la ligne verticale.

Nous avons donc 4 positions pour chacune des quatre tendances :

E1,	E2,	E3,	E4	P1,	P2,	P3,	P4
I1,	I2,	I3,	I4	T1,	T2,	T3,	T4

Le test

Parmi les 16 animaux dessinés page ci-contre, choisissez les quatre que vous aimez le plus, et coloriez-les.

Cherchez ensuite, l'emplacement de vos quatre numéros parmi les groupes suivants :

Émotivité : 1, 11, 13, 16 Profondeur : 7, 10, 12, 14
Intensité : 2, 3, 5, 9 Tonalité : 4, 6, 8, 15

Si votre choix comprend, par exemple, les numéros 5, 11, 13, 16, le groupe qui vous concerne est celui de l'Émotivité : 3/4 et celui de l'Intensité : 1/4.

La personnalité sera déterminée également selon les couleurs page suivante.

1

2

3

4

5

6

7

8

9

10

11

12

13

14

15

16

Rouge : accentue l'intensité. Vous aimez paraître, séduire, être remarqué, flatté, aimé.

Jaune : gaieté, optimisme. Si vous avez choisi le poussin, vous l'avez évidemment colorié en jaune. Le choix du poussin signifie votre besoin de protéger, de materner.

Bleu : vous avez un caractère tranquille, plutôt rêveur. Vous avez tendance à idéaliser la personne aimée. Chérissez-vous une personne pour elle-même ou bien parce que vous pensez qu'elle est idéale ?

Noir : vous n'aimez pas la contradiction et vous êtes méfiant à l'égard d'autrui.

Vert : vous faites très attention aux apparences et vous soignez beaucoup la vôtre.

Marron : vous aimez le confort, la nature, les belles choses, et vous accordez facilement votre confiance.

Blanc : vous appréciez la transparence, la propreté, la franchise.

Violet : vous aimez le mystère, l'aventure, l'imprévisible.

Rose : vous voulez qu'on vous protège, et vous appréciez la spontanéité.

Il est peu probable que vous n'ayiez utilisé qu'une seule couleur pour tous les animaux choisis. Chaque personnalité est complexe et contradictoire. Des tendances peuvent se superposer. Ce sont les circonstances qui les stimuleront l'une ou l'autre.

Il vous appartient, selon les couleurs choisies, de répartir vos tendances selon le tableau. La question que vous vous poserez : « est-ce vraiment moi ? », aura l'immense avantage de vous inviter à vous interroger sur vous-même.

CONCLUSION

La nature et les propriétés des couleurs concernent la vie quotidienne et aussi le bien-être intérieur. Manifestation de la lumière, la couleur illustre les relations qui unissent toutes choses : c'est pourquoi ses propriétés sont d'ordre physique, d'ordre physiologique et d'ordre psychologique.

Par conséquent, le milieu de vie, le corps et l'esprit sont directement intéressés par l'usage que l'on peut en faire.

La clarté, la luminosité, la tonalité, l'éclat, la brillantce sont des notions employées au sens propre et au sens figuré ; elles désignent des choses, des caractères, des âmes.

Manipuler les couleurs, c'est agir à la manière d'un organiste qui répand des harmonies. Leurs pouvoirs résident dans le fait qu'elles suscitent ce qu'elles symbolisent. Si vous les ignorez, vous subirez leurs effets sans comprendre. Si, en revanche, vous désirez augmenter l'espace de votre liberté, si vous désirez également vivre en paix avec vous-même, étudiez-les sans plus tarder. Votre effort sera presque immédiatement récompensé grâce au tout premier des enseignements qui vous surprendra par son évidence : regarder les couleurs, c'est regarder bien autre choses que les couleurs elles-mêmes.

Étudier les couleurs, c'est apprendre à voir bien au-delà des apparences.

TABLE DES MATIERES

Chapitre II

Chapitre III

Chapitre I

Chapitre II

Chapitre III

Je remercie Alain Guénette pour sa collaboration.

Achevé d'imprimer en mars 1991
sur presse CAMERON
dans les ateliers de la S.E.P.C.
à Saint-Amand-Montrond (Cher)
pour le compte de Jacques Grancher, éditeur
98, rue de Vaugirard, 75006 - Paris

Dépôt légal : avril 1987.
N° d'impression : 517.

Imprimé en France